Roland Föll

Wanderführer Münsterland

Adobe Stock © Stephan Sühling

Vorwort

Das Münsterland kannte ich aus den 1980er-Jahren als Durchreisender, der beruflich hier oft zu tun hatte. Als Schwabe, der am Niederrhein lebte, hatte ich zunächst einen nur oberflächlichen Blick auf Land und Leute des Münsterlandes. Das änderte sich in den frühen 2000er-Jahren, als es mich aus privaten Gründen hierher verschlug und ich meine neue Heimat südlich von Münster fand und lieben lernte.

Der Wanderer könnte sagen: „Naja, da hat sich ja beim Wechsel vom Niederrhein in die münsterländische Parklandschaft nicht viel verändert." Das stimmt fast, denn es gibt tatsächlich viele Ähnlichkeiten und Übereinstimmungen, aber auch viele reizvolle Einzigartigkeiten zu entdecken.

Genau dieses Abwechslungsreiche hat mich gereizt, dieses Buch zu schreiben. Für Besucherinnen und Besucher des Münsterlandes, besonders aber für Wandernde, für „Entdecker", die mit offenen Augen die Schönheit der Natur wahrnehmen, lohnt sich ein Besuch und ein Kennenlernen von Land und Leuten.

Das Münsterland als Teil der Westfälischen Bucht ist eine Parklandschaft, die ungefähr die Form eines Dreiecks hat. Sie wird im Süden begrenzt von der Lippe, im Westen von der niederländischen Grenze und im Osten und Nordosten vom Teutoburger Wald. Ihr Hauptfluss, die Ems, entspringt in den Sandflächen der Senne im Osten und fließt in Nordwestrichtung, bis sie bei Rheine das Münsterland verlässt.

Das Münsterland ist eine tiefe Bucht, ein ehemals eingesunkenes Stück Mittelgebirge, das in den niedrigsten Bereichen nur 60 Meter über dem Meeresspiegel liegt.

Im Münsterland finden Besucherinnen und Besucher viele von Gräften (Wassergräben) umgebene Burgen des westfälischen Adels. Naturschutzgebiete, Naturparks und Auenlandschaften sowie verschiedene Hügellandschaften prägen das Landschaftsbild.

Viele hübsche kleine Städte wie Steinfurt, Warendorf, Coesfeld oder Borken sind Kreissitze und Mittelzentren. Wirtschaftlicher sowie kultureller Mittelpunkt ist Münster, schon früh ein Bischofssitz, später Hansestadt und noch immer die Hauptstadt Westfalens mit Sitz vieler Oberbehörden.

Die in diesem Band empfohlenen Wandertouren führen durch die verschiedenen Regionen des Münsterlandes:

- durch das Steinfurter Land mit seinen Emsauen und dem Kloster Bentlage in Rheine, der einst bedeutendsten Parkanlage Westfalens – dem Steinfurter Bagno – sowie dem Naturschutzgebiet der Bockholter Berge
- durch das Tecklenburger Land mit den Dörenther Klippen, einer mystischen Felsformation aus Sandstein, dem Dyckerhoff-Steinbruch sowie einem türkisblauen Canyon in Lengerich und dem Kattenvenner Moor
- durch das Warendorfer Land mit den artenreichen Rieselfeldern bei Münster und den Emsauen bei Warendorf
- durch das Coesfelder Land mit den Steverauen bei Lüdinghausen und Olfen, den Schlössern Cappenberg und Nordkirchen, dem Venner Moor, den Rekener Bergen und den Baumbergen
- durch den Naturpark Hohe Mark mit dem Halterner und dem Hullerner See, der Westruper Heide sowie dem Galgen- und Waldbeerenberg als besonderen Highlights
- durch das Borkener Land mit seinen verschiedenen Vennlandschaften (moorast-sumpfige Gebiete): dem Zwillbrocker, dem Witte und dem Gildehauser Venn

Sie alle sind einen Besuch wert und bieten eine Fülle an Eindrücken. Lassen Sie sich überraschen!

Viel Freude beim Wandern im Münsterland!

Roland Föll

Inhalt

Wandern im Münsterland A–Z

Land und Leute

Münster

Steinfurter Land

Tecklenburger Land

Warendorfer Land

Coesfelder Land

Hohe Mark

Borkener Land

Anhang

Exkurse

Land und Leute

Münster

Steinfurter Land

Tecklenburger Land

Warendorfer Land

Coesfelder Land

Hohe Mark

Borkener Land

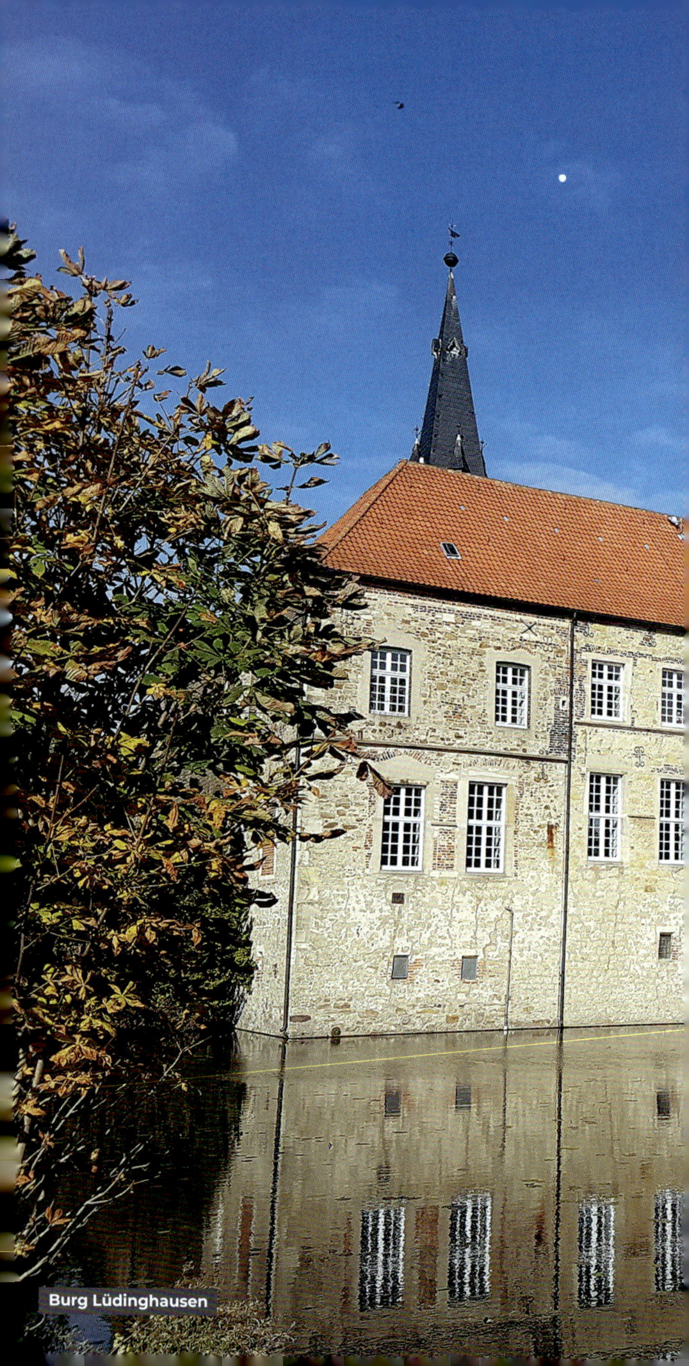

Burg Lüdinghausen

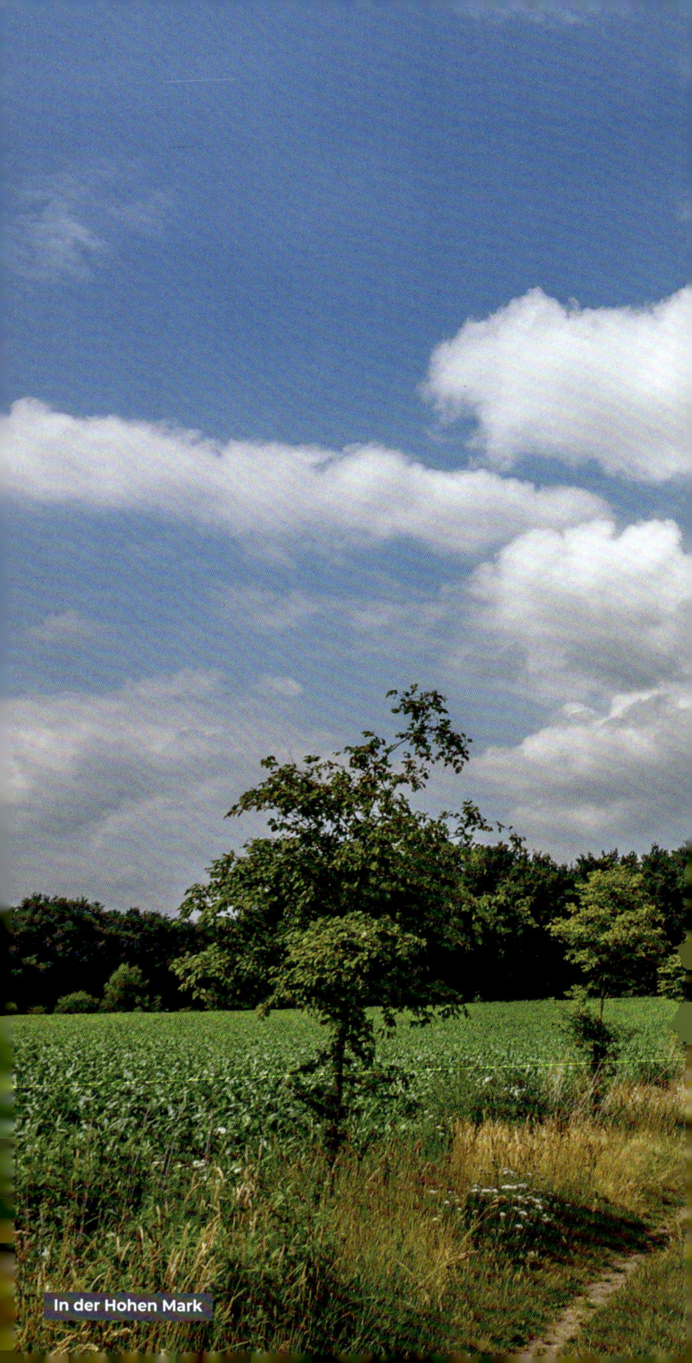

In der Hohen Mark

WANDERN IM MÜNSTERLAND A–Z

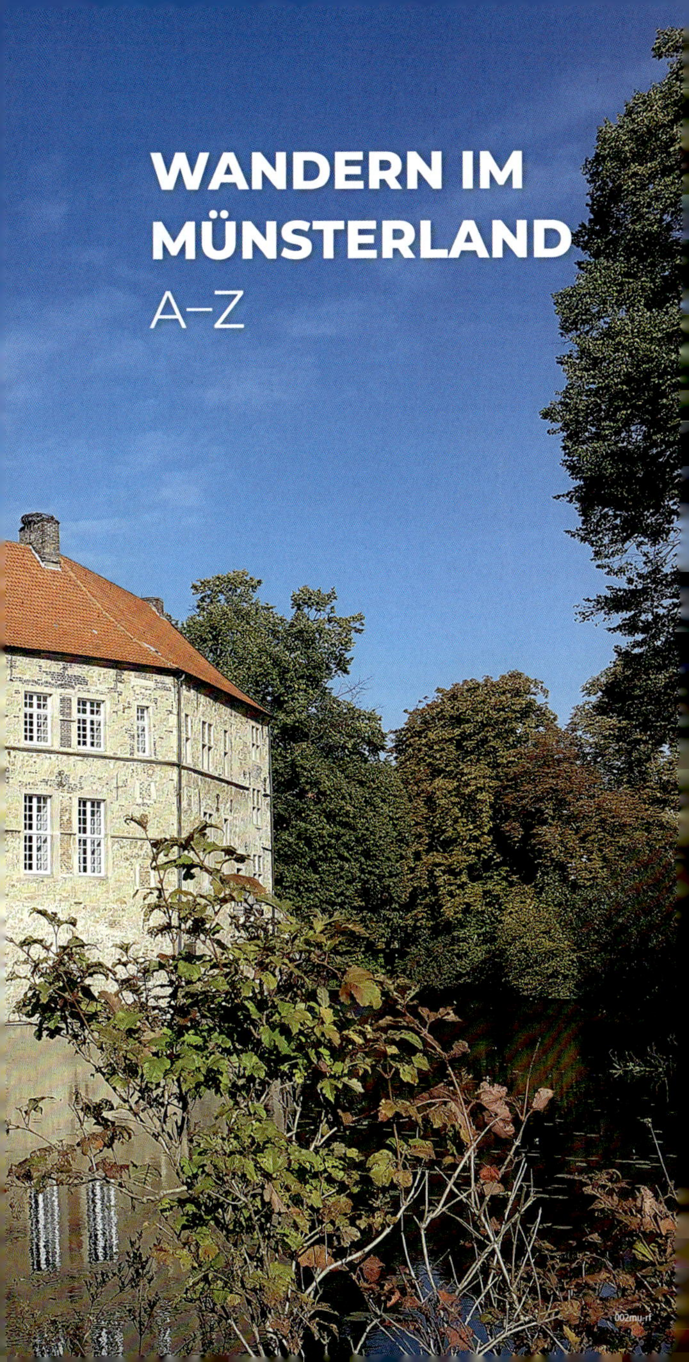

002mu-rf

Anfahrt

Abgelegene Orte des Münsterlands können am besten mit dem **Auto** über die Autobahn erreicht werden. Als wichtigste Nord-Süd Verbindung ist die A1 zu nennen, die von Osnabrück bis Kamen die Region durchquert. In gleiche Richtung verläuft weiter westlich die A31, die zwischen Gladbeck und Bad Bentheim das Münsterland berührt.

Als nördliche und südliche Grenzen fungieren gewissermaßen nördlich die A30 zwischen Bad Bentheim und Osnabrück, beziehungsweise südlich die A2 zwischen Gütersloh und Recklinghausen.

Als weitere wichtige Autobahnen für das Münsterland sind die A43 zwischen Recklinghausen und Münster und im östlichen Teil die A33 zwischen Osnabrück und Bielefeld zu erwähnen.

Wichtige Bundesstraßen, die ergänzend zu den Autobahnen die Region durchkreuzen, sind die B70 zwischen Rheine und Borken, die B54 zwischen Enschede und Lünen sowie in West-Ost-Richtung die B58 zwischen Dorsten und Beckum und die B64 zwischen Münster und Rheda-Wiedenbrück.

005mu-rf

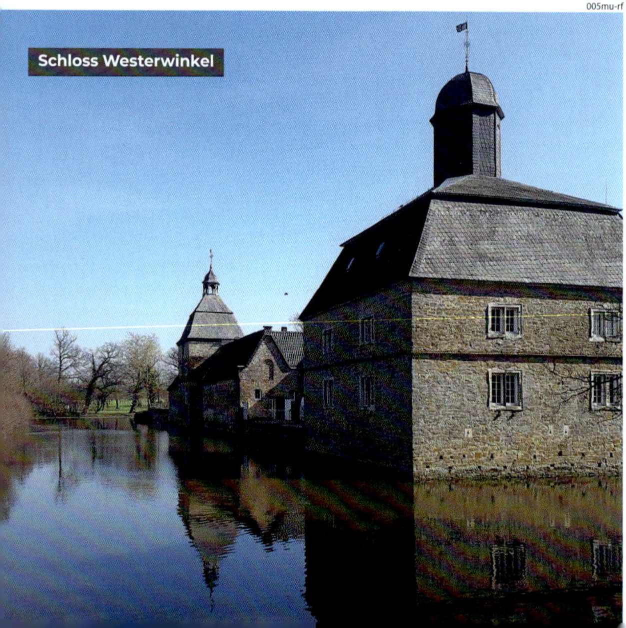

Schloss Westerwinkel

Ausgangspunkte

Für die Ausgangspunkte der Wanderungen werden in diesem Buch sowohl der jeweilige Ausgangsort als auch die genaue Adresse genannt sowie eine Anfahrtsbeschreibung mit dem Pkw und Informationen zur Erreichbarkeit mit dem ÖPNV.

Für die Nutzung eines Navigationsgerätes finden sich zudem die **GPS-Koordinaten** des Startpunktes in der Übersicht jeder Wanderung. Diese sind als geografische Koordinaten (Breite und Länge, Lat./Lon.) in Dezimalgrad angegeben, also z. B.: GPS N 51.95552, E 7.98938.

Bis auf Tour 13 („Entlang der Ems") handelt es sich bei allen beschriebenen Wanderungen um Rundwanderungen, sodass Start- und Zielpunkt identisch sind.

Ausrüstung und Kleidung

Das überwiegend flache oder leicht hügelige Münsterland erfordert eigentlich **keine spezielle Ausrüstung,** sieht man einmal von wasserdichter Bekleidung und festem Schuhwerk ab.

Letzteres ist besonders in Regionen wie dem Tecklenburger Land oder dem Steinbruch in Lengerich wichtig, damit die **Trittfestigkeit** auf den zeitweise geröllartigen Auf- und Abstiegen gewährleistet ist. Gleiches gilt für die Venngebiete oder auch die Auenlandschaften, wo es zudem praktisch ist, wenn die Schuhe zusätzlich wasserdicht sind.

Angesichts des sich verändernden Klimas sind gerade in den Sommermonaten **guter Sonnenschutz** und natürlich ein ausreichender **Getränkevorrat** unerlässlich.

Camping

Das Münsterland verfügt über **zahlreiche Campingplätze.** Informationen gibt es auf www.muensterland.com oder bei den Fremdenverkehrsämtern der betreffenden Gemeinden. Das gleiche gilt auch für **Wohnmobilstellplätze.**

Gefahren und Notfälle

In allen Gemeinden und Regionen gilt die **Notfallrufnummer 112,** unter der die Leitstellen von Polizei, Feuerwehr und Rettungsdiensten erreicht werden können. Zudem findet man in einzelnen Gemeinden auch an Ruhebänken oder Bäumen **Hinweise** mit Rufnummern für Notfälle und der geografischen Position für eine schnellere Orientierung.

Gehzeiten

Den Angaben zur Gehzeit wird die Zeit, die ein durchschnittlich geübter Wanderer benötigt, zu Grunde gelegt. Dabei werden Pausen oder Unterbrechungen jeglicher Art nicht in die Gehzeit einberechnet.

Die Berechnung der Gehzeit bezieht sich auf das Wandern auf Gelände ohne größere Steigungen und über leicht zu begehendes Gelände.

Karten

Seit sich das Landesvermessungsamt Nordrhein-Westfalen entschlossen hat, die Produktion und den Vertrieb von Printprodukten einzustellen, ist es für Regionen wie das Münsterland kaum mehr möglich, **großmaßstäbliche Karten** wie die topografischen Karten flächendeckend anzubieten. Gegen Nennung des Maßstabs und der genauen Koordinaten kann man allerdings bei der Bezirksregierung Köln eine im Plot-on-Demand-Verfahren erstellte Kopie erstellen lassen, die gegen eine Gebühr in Höhe von ca. 30 Euro erhältlich ist, in digitaler Form lassen sich Karten kostenfrei herunterladen (www.bezreg-koeln.nrw.de, unter „Geobasis NRW").

Die einzige Serie, die das Münsterland als Print komplett abdeckt, ist beim **Kompass Verlag** erschienen. Von anderen Verlagen existieren nur noch Einzelveröffentlichungen, etwa vom Regionalverband Ruhr für das südliche Münsterland, von Geomap für das südliche und zentrale Gebiet der Region und schließlich für die niederländischen Grenzregionen (Zwillbrocker Venn etc.) topografische Karten im Maßstab 1:25.000

vom Topografische Dienst Nederland in Emmen. Folgende Karten erscheinen als Grundlagen geeignet:

- **Münsterland,** Kompass Wanderkarte, Blatt 849, 1:50.000, 3 Karten im Set mit Beiheft, 15,99 Euro

Für den größten Teil des Münsterlands gibt es alternativ von Hallwag Kümmerly+Frey die Outdoorkarte 1:50.000.

- **Münsterland Ost,** Beckumer Berge, Blatt 59, 6,95 Euro
- **Hohe Mark/Münsterland West,** Blatt 60, 6,95 Euro
- **Teutoburger Wald,** Blatt 45, 7,95 Euro

Ein großer Teil des Münsterlands ist mit den von **GeoBasis NRW** in Zusammenarbeit mit dem **Westfälischen Heimatbund** erstellten Wanderatlanten im Maßstab 1:25.000 abgedeckt, die vom **Verlag Aschendorff** veröffentlicht wurden und in Buchform mit Spiralbindung zum Preis von jeweils 16,80 Euro erhältlich sind.

Adobe Stock © Stephan Sühling

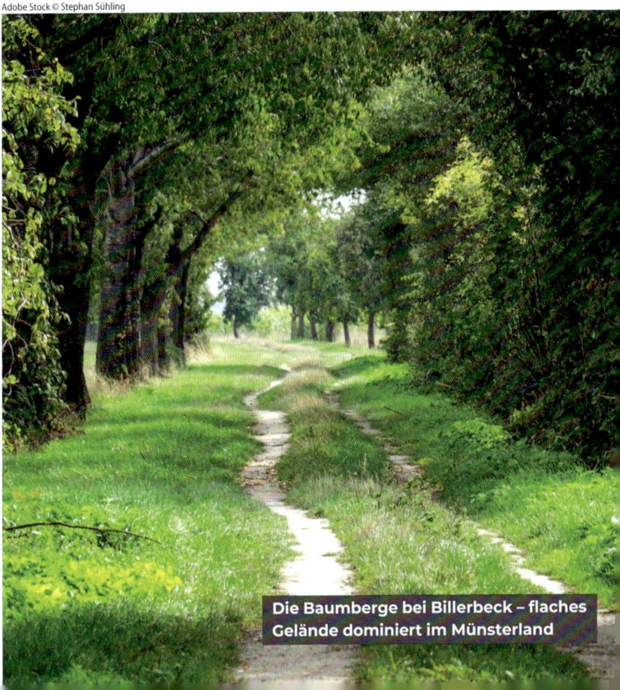

Die Baumberge bei Billerbeck – flaches Gelände dominiert im Münsterland

- **Wandern im Münsterland,** Band 1 Kreis Warendorf, 2013 und Band 2 Kreis Coesfeld, 2017

Für die in diesem Wanderführer vorgestellten Routen stehen zudem **GPS-Tracks** im Format gpx zum kostenlosen Download bereit. Sie finden diese auf der Produktseite dieses Titels auf der Seite **www.reise-know-how.de.** Mit diesen Tracks lassen sich die Wege sehr bequem ablaufen.

Öffentliche Verkehrsmittel

Abgesehen von der Deutschen Bahn verkehren im Münsterland Transportmittel folgender **Verkehrsgesellschaften:**

- Der Zweckverband Schienenpersonennahverkehr Münsterland (ZVM) bedient alle Landkreise des Münsterlandes. Schorlemer Str. 26, 48143 Münster, Tel. 01806/504030 (kostenpflichtige persönliche Ticket- und Fahrplanberatung), www.bus-und-bahn-im-muensterland.de
- Der Regionalverkehr Münsterland GmbH (RVM) bedient die Landkreise Borken, Coesfeld, Steinfurt und Warendorf. Rudolf-Diesel-Str. 8, 59348 Lüdinghausen, Tel. 01806/504030 (kostenpflichtige persönliche Ticket- und Fahrplanberatung), www.rvm-online.de
- Die Stadtwerke Münster bedienen das Stadtgebiet von Münster. Hafenplatz 1, 48155 Münster, Tel. 0251/6941515 (Mobilitäts-Hotline, Ortstarif), www.stadtwerke-muenster.de
- Kostenlose automatische Fahrplanauskunft für alle drei Anbieter: Tel. 0800/3504030

Reisezeit und Klima

Die Region steht hauptsächlich unter dem **Einfluss atlantischer Strömungen,** die, wenn sie aus südwestlichen Richtungen kommen, in den Sommermonaten zu freundlich warmer Witterung führen, während sie, wenn sie aus nordwestlichen Richtungen kommen, eher zu feuchtkaltem Wetter beitragen.

Gerade die feuchtkalte Witterung ist es, die im Münsterland relativ häufig das Wetter beherrscht, was den Volksmund zu

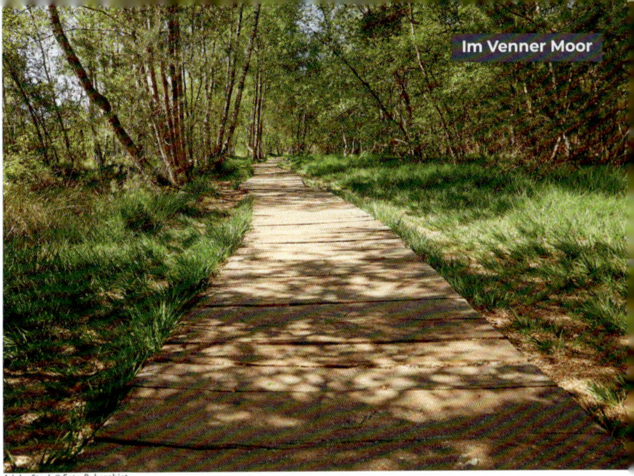

Adobe Stock © Foto-Ruhrgebiet

der bekannten Feststellung „In Münster regnet es oder es läuten die Glocken" verleitet hat.

Im Frühjahr oder Herbst regnet es wenig, in der Tendenz der letzten Jahre ist es sogar viel zu trocken. Das ist am zeitweise trocken liegenden Venner Moor, um hier nur ein Beispiel zu nennen, zu beobachten.

Typisch für das Klima im Münsterland, das auch bedeutende kontinentale Merkmale aufweist, waren immer die kalten Wintermonate mit beständigem Dauerfrost. Zuletzt folgten aber mehrere milde Winter mit wenig oder ganz ohne Schneefall aufeinander.

Sport und Freizeit

Landschaft und Struktur des Münsterlands sind ganz hervorragend geeignet für zahlreiche Aktivitäten. So fällt die Region zum Beispiel wegen ihrer flachen bis leicht hügeligen Landschaft als prädestiniert für den **Freizeitradsport** auf. Für jegliche Art von Radtouren steht eine überaus große Anzahl an markierten **Radwegen** zur Verfügung, angefangen bei kleinen Rundkursen bis hin zu Radwegklassikern. Hier sind die Hundert-Schlösser-Route oder der Ems-Radweg zu nennen.

Im Bereich **Mountainbiking** gibt es ebenfalls eine stattliche Liste an Möglichkeiten in eher hügeligen Regionen wie dem Tecklenburger Land, der Haard und der Hohen Mark.

Auch darf man große Radsportveranstaltungen wie den alljährlich stattfindenden **Münsterland-Giro** nicht vergessen.

Eine andere beliebte Freizeitbetätigung ist der **Reitsport** in allen Disziplinen. Angefangen vom Tourenreiten über Dressur- bis zum Springreiten findet man hier alle Möglichkeiten für Pferdebegeisterte, was sicherlich an der im Münsterland sehr erfolgreichen **Pferdezucht** liegen mag. Die Region um Warendorf gilt immer noch als deren Zentrum.

Die große Anzahl der im Münsterland wegen des geringen Gefälles eher träge fließenden Wasserläufe wie Ems, Werse oder Lippe bietet sich für viele Arten von **Wassersport** wie zum Beispiel Kanutouren an.

Unbedingt zu erwähnen ist, dass sich die münsterländische Landschaft auch hervorragend für das **Golfspielen** eignet. Die Anzahl von Golfplätzen ist in den vergangenen Jahren stark angewachsen. Eine Auswahl an Golfplätzen und -terrains gibt es unter www.golfpost.de.

Telefonieren

Bei Anrufen aus dem Ausland nach Deutschland gilt stets die **Ländervorwahl 0049** bzw. **+49.** Bei Anrufen in die Niederlande gilt entsprechend die **Ländervorwahl 0031** bzw. **+31.** Die Qualität der Mobilfunknetze ist überwiegend gut.

027mu-rf

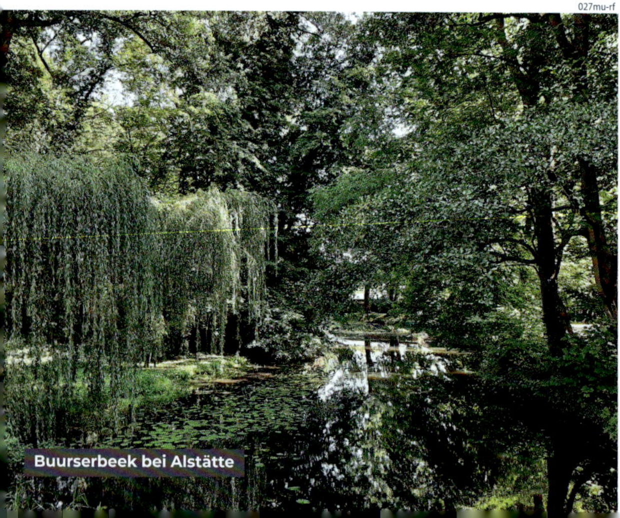

Buurserbeek bei Alstätte

Touristische Informationen

Die Möglichkeiten, sich über das Münsterland zu informieren, sind zahlreich. Nachfolgend sind die wichtigsten Anlaufstellen aufgeführt:

- **Münster Information,** Syndikatplatz 3, 48143 Münster, Tel. 0251/4922710, www.stadt-muenster.de
- **Steinfurt Marketing und Touristik,** Markt 2, 48565 Steinfurt, Tel. 02551/1383, www.steinfurt-touristik.de
- **Tecklenburg Touristik,** Markt 7, 49545 Tecklenburg, Tel. 05482/93890, www.tecklenburg-touristik.de
- **Stadt Warendorf,** Lange Kesselstr. 4–6, 48231 Warendorf, Tel. 02581/540, www.warendorf.de
- **Touristik-Information der Stadt Coesfeld,** Markt 8, 48653 Coesfeld, Tel. 02541/9391017, www.coesfeld.de/tourismus
- **Touristik-Information Haltern am See,** Markt 1, 45721 Haltern am See, Tel. 02364/933365, www.haltern-am-see.de
- **Tourist-Info Borken,** Markt 15, 46325 Borken, Tel. 02861/939252, www.borken.de

Weitere nützliche Adressen:

- Bei Fragen rund um den Urlaub im Münsterland: **Tourismus-Center Münsterland,** Tel. 02571/949392, www.muensterland.com
- Auskunft zu landes- und volkskundlichen Fragen gibt es beim **Westfälischen Heimatbund,** Tel. 0251/2038100, www.whb.nrw
- Der **Sauerländische Gebirgsverein,** größter Wander- und Freizeitverein in NRW, hält auch für das Münsterland nützliche Informationen bereit, Tel. 02931/524822, www.sgv.de

Unterkünfte

Eine Liste von Unterkünften findet man, sofern nicht bei den Touren angegeben, unter www.muensterland.com. Preisgünstige Übernachtungsmöglichkeiten, auch für Gruppen, sind in Jugendherbergen möglich, zum Beispiel unter www.muenster.jugendherberge.de, www.nottuln.jugendherberge.de oder www.haltern.jugendherberge.de.

Wege und Anforderungen

Die Wanderwege im Münsterland sind überwiegend bequem zu begehen, also ohne nennenswerte Steigungen und Gefälle, sieht man einmal von Regionen im nördlichen Teil, wie dem Tecklenburger Land, ab.

Da das Münsterland zunächst als Region für **Radwanderer** und Radtouristen bekannt ist, sind die meisten Wege befestigt und verlaufen oft auf **Feldwegen** oder **Waldboden,** der gelegentlich auch, wie im Venn oder an Flussauen, sandig sein kann.

Um die Region als attraktives Wanderparadies zu präsentieren, wurde bei der Auswahl der Touren darauf geachtet, dass die Wege in erster Linie zu Fuß begangen werden können, was natürlich nicht verhindern kann, dass sich die Wege mit denen von Radwanderern kreuzen.

Da sich also hinsichtlich Höhenunterschieden keine wesentlichen Kategorisierungen anbieten, spielt allenfalls die Länge oder eventuell die Beschaffenheit der Wege eine Rolle. Sie wurden folgendermaßen farbig markiert:

028mu-rf

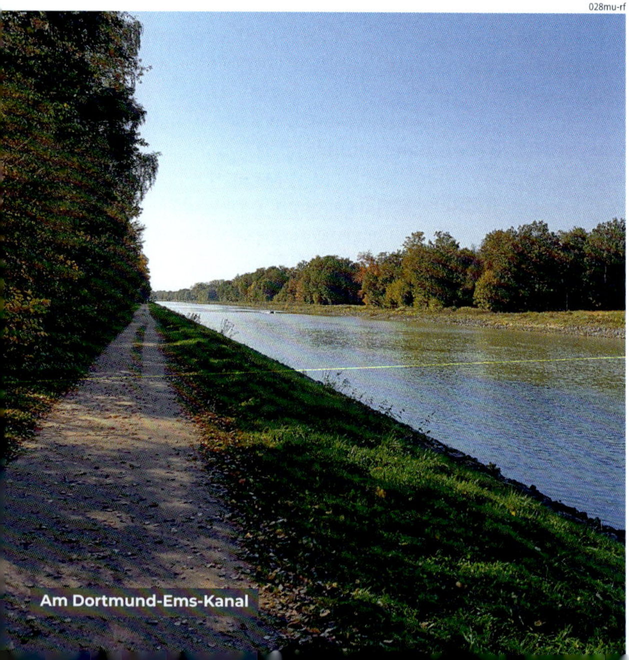

Am Dortmund-Ems-Kanal

LEICHT

Diese Touren stellen keine wesentlichen Ansprüche, sind also bequem begehbar und weisen eine Länge bis etwa 10 Kilometer auf, was einer Gehzeit von etwa drei Stunden entspricht. Diese Touren sind für Familien geeignet.

MITTELSCHWER

Diese Touren sind länger als 10 Kilometer (entspricht einer Gehzeit von mehr als drei Stunden) und weisen leichte Schwierigkeiten hinsichtlich Zustand oder Begehbarkeit auf.

Wegmarkierungen

Die Pflege des Wegenetzes und die Auszeichnung von Wanderwegen unterliegt im Münsterland dem Westfälischen Heimatbund sowie – im südlichen Teil – dem Sauerländischen Gebirgsverein. Auf den Internetseiten der beiden Vereine findet man einen guten Überblick zu den verschiedenen Wegmarkierungen (www.whb.nrw, Stichwort „Wandern im Münsterland", Wegemarkierungen sowie www.sgv.de, Stichwort „Wege", Wegezeichen). Hauptwanderwege sind jeweils mit einem **weißen Andreaskreuz** und einer Nummer gekennzeichnet, Rundwanderwege mit einer **weißen Raute.**

033mu-rf

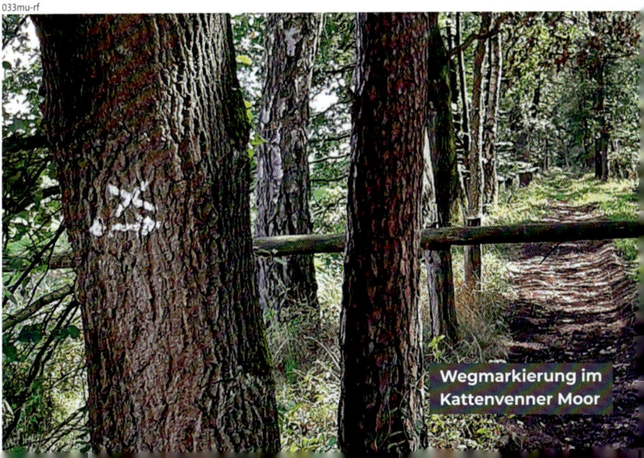

Wegmarkierung im Kattenvenner Moor

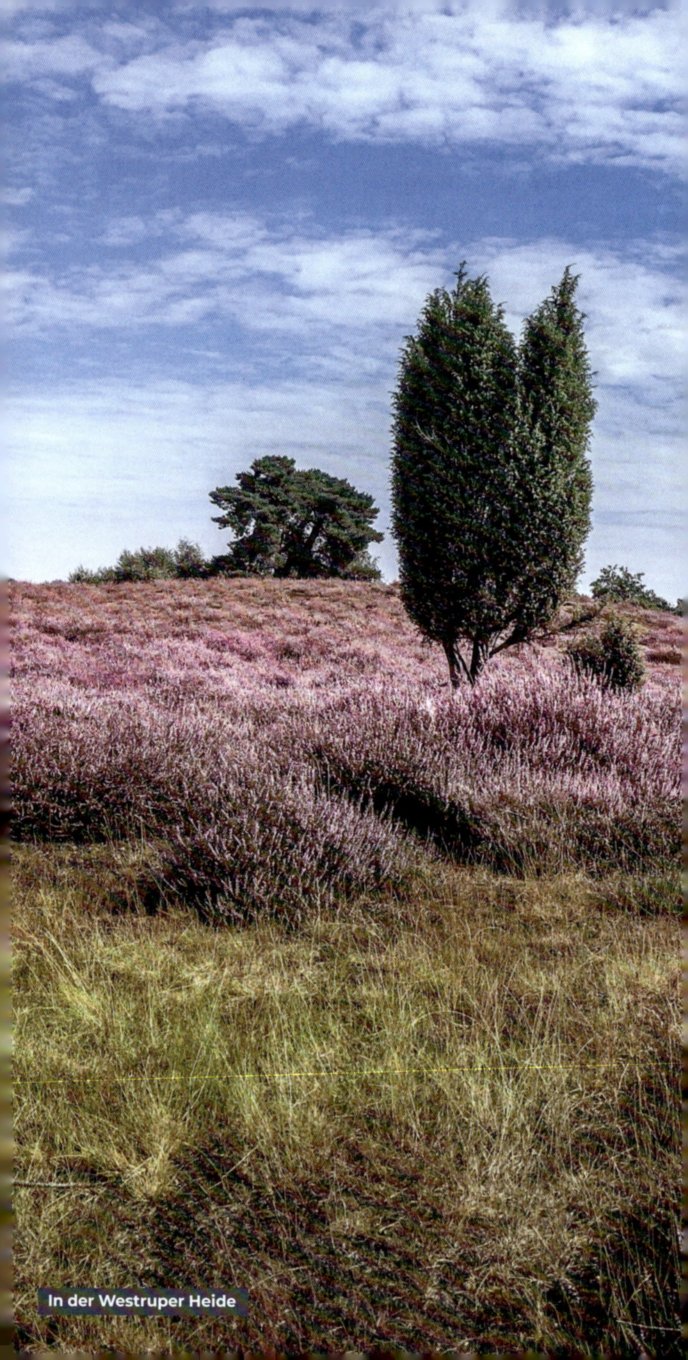

In der Westruper Heide

LAND UND LEUTE

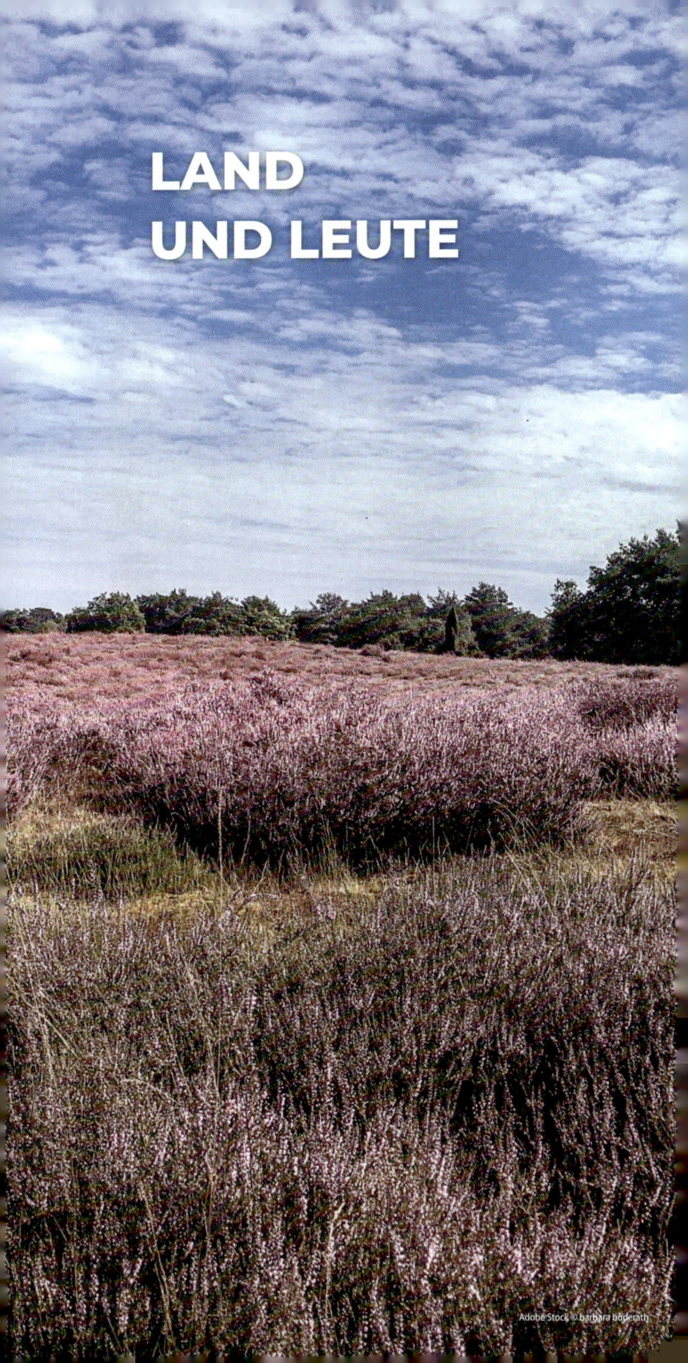

Geschichte

Seit Beginn des 12. Jahrhunderts versuchen weltliche und geistliche Fürsten und Herren einzelner Gebiete in Westfalen, sich gegenüber dem Kölner Erzbistum zu behaupten und zu verselbständigen, darunter auch die Bischöfe von Münster und Osnabrück. Durch **Städtegründungen** im 12./13. Jh. – im münsterschen Bereich sind das die Städte Coesfeld, Warendorf, Ahlen, Beckum, Bocholt, Borken und Telgte – stabilisieren sich die einzelnen Gebiete.

Im 12. und 13. Jahrhundert beteiligen sich westfälische Kaufleute, auch einige aus Münster, am **Osthandel**. Es bilden sich Genossenschaften, darunter auch 1282 die Deutsche Hanse in London. Münster, Dortmund, Soest und Osnabrück werden Vororte in der Hanse, viele kleinere Hansestädte sind ihnen untergeordnet.

Im 14. und 15. Jahrhundert verkümmern die westfälischen Märkte, weil sich die Handelswege der Hanse nach Norden auf die Seewege verlagern.

Anfang des 16. Jahrhunderts beginnen im katholischen Münsterland **Kämpfe** um den richtigen **Glauben**. Im Münsterland wächst der Widerstand gegen den neuen Glauben, die evangelisch-lutherische Lehre, die wachsenden Einfluss bekommt, und der viele Grafen folgen.

1533/34 etabliert sich in Münster die **Herrschaft der Wiedertäufer,** eine radikale Sekte.

Nach dem **Dreißigjährigen Krieg (1618–1648)** erstarkt, wie in ganz Westfalen, im Münsterland der **Katholizismus**. Die **Hexenverfolgung** mit öffentlichen Hinrichtungen, meist durch Verbrennen nach schrecklicher Folter, hat eine Hochphase, wobei das Fürstbistum Münster zu den Regionen gehört, in denen die Verfolgungen eher zurückhaltender durchgeführt werden.

Bischof Christoph Bernhard von Galen (1650–1678), als „Kanonenbischof" von seinen Untertanen oder als „Bombenbernd" in Holland verspottet, gilt als streitlustiger Mann, der seine Macht als Landesherr gegenüber der Stadt Münster durchsetzen will. Sie übeträgt ihm letztlich das uneingeschränkte Besatzungsrecht. Bei der Bevölkerung ist *von Galen* sehr unbeliebt, weil für seine große Armee jeder wehrfähige Mann zur Verfügung stehen muss (allerdings seltener, wenn er verheiratet ist). Das Fürstbistum Münster verarmt während seiner Amtszeit infolge der vielen kriegerischen Auseinandersetzungen und des Unterhalts des starken Heeres.

Maximilian Franz von Österreich, der letzte Fürstbischof, besetzt Münster als letzter kirchlicher Träger. Die Besatzung dauert bis zu seinem Tod 1801.

Der preußische *General Gebhard Leberecht von Blücher* besetzt die Stadt 1802, es folgen 1806 Napoleons Truppen und weitere Besatzungen durch preußische und russische Truppen. Ab 1815 gehört Münster zum Königreich Preußen und ist zudem Hauptstadt der neu gegründeten Provinz Westfalen. Die steigende Einwohnerzahl bis 1915 auf über 100.000 Menschen macht Münster zur Großstadt.

Während des **Nationalsozialismus** ist Münster Sitz der Gauleitung des Gaus „Westfalen-Nord". *Bischof Clemens August Graf von Galen,* auch als „Der Löwe von Münster" bekannt, ist eine unerschrockene Persönlichkeit im Widerstand gegen die Nazis in Münster.

Im **Zweiten Weltkrieg** wird Münster von britischen Fliegern bombardiert und gehört zu den am meisten zerstörten Städten Deutschlands.

Flora und Fauna

„Wandern im Münsterland? Ist das nicht furchtbar langweilig?" Diese erstaunte Frage hört man häufiger, vor allem von wander- und klettererprobten Naturfreunden, die sich gerne im Mittelgebirge bewegen. Doch Wandern im Münsterland ist alles – nur nicht langweilig! So lautet das eindeutige Fazit des ursprünglich aus Baden-Württemberg stammenden Autors. Seit vielen Jahren verheiratet mit einer heimatbegeisterten Münsterländerin fand auch er sehr schnell hier seine Lieblingsplätze und -wege.

Der Reiz des auch als „Münsterländer Parklandschaft" bezeichneten Kulturraums hat es ihm angetan: Abwechslungsreich für alle Sinne wandert man durch kleine **Forste,** lässt den Blick über weite **Wiesen** und **Weideflächen** schweifen, genießt die Pause am plätschernden **Fluss** und hört Vogelrufen zu.

Die Wiedertäufer-Herrschaft in Münster

Im Februar 1534 kommt *Jan Mathys*, ein gelernter Bäcker aus Haarlem in den Niederlanden, in die Stadt Münster, deren Bewohner inzwischen Luthers Lehre folgen. *Mathys* ist überzeugt davon, dass Gott ihn als Propheten ausersehen habe und das Ende der Welt nahe ist. Er findet Anhänger bei den **Täufern,** die in den Niederlanden zunehmend verfolgt werden. Der Rat der Stadt Münster ist 1533 streng lutherisch. *Bernd Rothmann*, einflussreicher **Reformator** in der Stadt, schlägt sich immer mehr auf die Seite derer, die ein baldiges Reich Gottes erwarten. Viele Täufer werden dadurch angezogen. Schließlich übernehmen sie mit ihrem Propheten *Mathys* die Macht.

Der protestantisch gesinnte *Bischof Franz von Waldeck* lässt daraufhin mit einem **Söldnerheer** die Stadt umstellen. Die Täufer radikalisieren sich und verwandeln die Stadt in eine riesige Festung. Nachdem *Mathys*, der im Lager des Bischofs einen Aufstand anfachen wollte, dort erschlagen wird, übernimmt der gelernte Schneider und Bordellbesitzer *Jan van Leiden* die Führung der Täufer. Kritiker werden verfolgt, gefoltert und öffentlich hingerichtet. *Van Leiden* nennt sich nun *König Johann I.*

Die in Münster lebenden **Frauen** müssen den männlichen Täufern mit Verweis auf das Alte Testament zur Verfügung stehen, wann immer diese das wollen. Frauen, die sich weigern, werden hingerichtet. **Polygamie** ist ebenso an der Tagesordnung wie die Vergewaltigung kleiner Mädchen. Mit der Zeit erschöpfen sich die Nahrungsmittel und die Moral der Bürger geht dahin.

Zwei Bürger verraten heimlich, auf welchem Weg die Truppen des Bischofs *von Waldeck* in die Stadt eindringen können. Das gelingt in der Nacht vom 24. auf den 25. Juni 1535, ein Gemetzel ist die Folge.

Jan van Leiden und seine beiden Gefolgsleute *Bernd Knipperdollinck* und *Bernd Krechting* werden **gefangen genommen** und am 22. Januar auf dem Prinzipalmarkt **zu Tode gefoltert.** Ihre Leichen stellt man in eisernen Körben am Turm der Lambertikirche zur Schau. Die **Original-Käfige** hängen noch heute dort.

030mu-hk

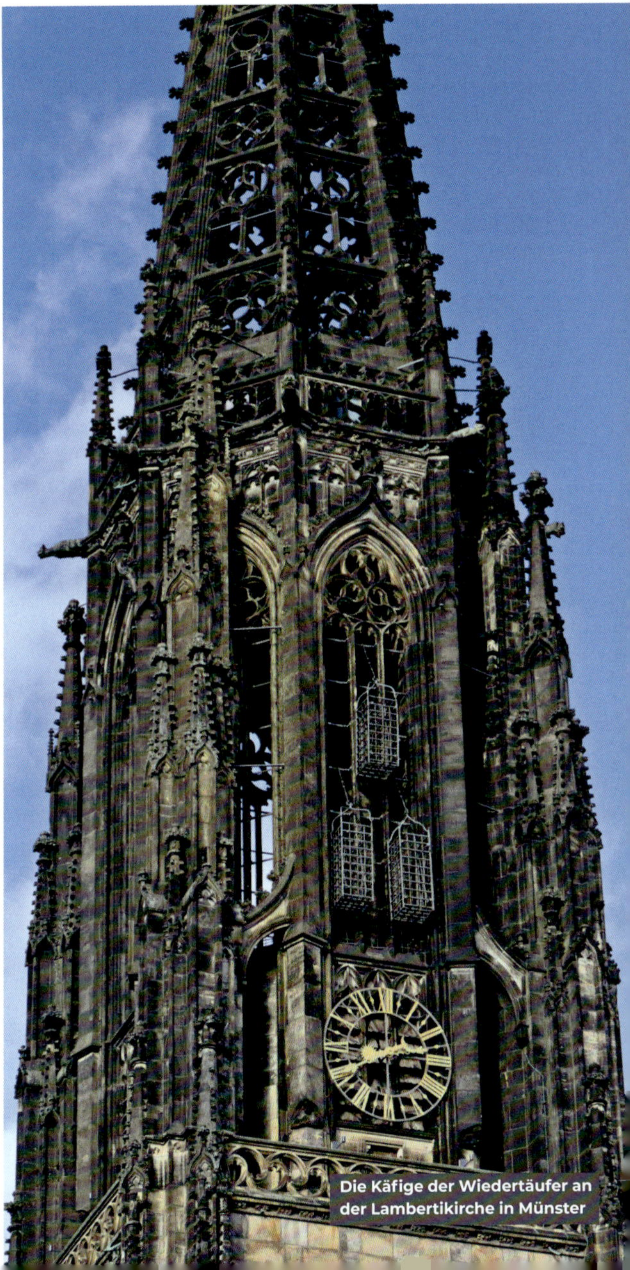

Die Käfige der Wiedertäufer an der Lambertikirche in Münster

An vielen Stellen wird die Natur wieder verstärkt sich selbst überlassen – zum Beispiel durch das Liegenlassen von umgestürzten Bäumen –, um die ursprüngliche Landschaft wiederherzustellen. So haben bedrohte Pflanzen und Tiere die Chance, sich neu anzusiedeln und auszubreiten. **Heidegebiete** mit Wacholderheide, Sandmagerrasen sowie Zwergstrauchheide können entdeckt werden, aber ebenso **Moorlandschaften** und renaturierte **Flussauen**.

Mit etwas Glück und Geduld entdeckt man je nach Jahreszeit die rundblättrige Glockenblume, das Buschwindröschen und den Klatschmohn. Wildblumen- und Streuobstwiesen sieht man leider noch zu selten, aber immer wieder mal. Nach Pilzen muss man im Herbstwald genauer suchen, aber es gibt sie. Pilzkenner mit einer feinen Nase haben die Fundorte längst entdeckt, verraten werden sie meistens nicht.

089mu-rf

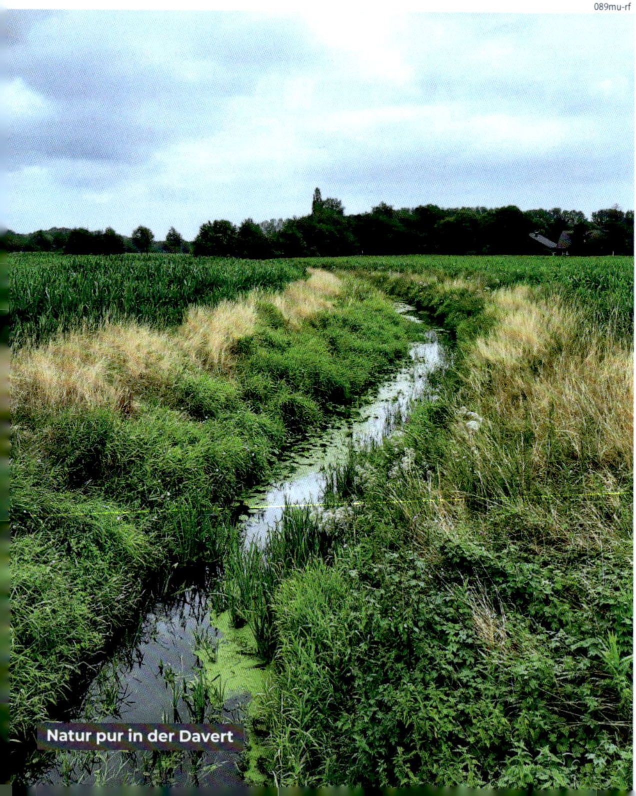

Natur pur in der Davert

Auch die **Tierwelt,** darunter Iltis, Kreuzotter und Waschbär, erobert die Landschaft, kleinere Säugetiere sind hier nach wie vor heimisch, darunter auch viele geschützte Fledermausarten. Bisamratten haben sich stark vermehrt.

Die **Vogelwelt** wird bereichert um den farbenfrohen Eisvogel, der wie der Haubentaucher an Flussauen zu sehen ist. Auch die Sumpfmeise, die Nonnenmeise und die Heckenbraunelle sind beliebte Foto-Objekte für Hobbyornithologen.

Als besondere Attraktion sind die **Flamingokolonien** im Zwillbrocker Venn und auch die im Merfelder Bruch bei Dülmen lebenden **Wildpferde** zu erwähnen.

Münsterländer Mentalität

Das Münsterland ist recht dünn besiedelt. Die Landwirte leben überwiegend auf Einzelhöfen, die von breit ausladenden Bäumen umgeben sind. Ob diese Tatsache dazu beigetragen hat, dass man dem Münsterländer markante **Eigenschaften** wie Eigensinn und Halsstarrigkeit nachsagt, ist jedoch nicht überliefert.

Ein Münsterländer ist zunächst Münsterländer, dann erst Westfale. Es heißt, er sei verschlossen, „zugeknöpft" und stur, manchmal auch „melancholisch". Das plattdeutsche Sprichwort „Wat de Buer nich kennt, dat frett he nich" bedeutet ins Hochdeutsche übertragen: Was der Bauer nicht kennt, das frisst er nicht. Der geneigte Leser irrt, wenn er denkt, es gehe hierbei ums Essen. Es geht darum, dass man hart daran arbeiten muss, wenn man dauerhaft Freundschaft mit einem Münsterländer schließen will. Denn Neues scheint dem Münsterländer zunächst suspekt. Als **Zugereister** irgendwann doch dazuzugehören, ist deshalb wahrlich schwierig. Ein **Paohlbürger,** also ein echter Einheimischer, wird man nie.

Der Münsterländer schlechthin mag ein gut organisiertes **Vereinsleben.** Dazu gehören zum Beispiel der Kaninchen- und der Taubenzuchtverein, der Schützenverein, durchaus auch der Karnevalsverein.

Mit manch einem, an überbordender Spontaneität reichen Mitmenschen kann ein Münsterländer nichts anfangen, Unvorhergesehenes liegt ihm nicht so. Das sagt aber nichts über seine **Liebenswürdigkeit** und **Hilfsbereitschaft** aus. Die ist fast sprichwörtlich wie auch die Qualitäten als fürsorglicher Gastgeber.

Auch Gewalt mag der Münsterländer nicht. Aggression und Ärger zeigt er dabei ebensowenig wie überbordende Glücksgefühle. **Frieden** ist ihm sehr wichtig, im Kleinen wie im Großen. Nicht umsonst war Münster Schauplatz der Friedenskonferenz am Ende des Dreißigjährigen Krieges 1618 bis 1648.

Last but not least gilt: „Eten un Drinken höllt Lief un Seel tosamen". Meint, vom Plattdeutschen ins Hochdeutsche übertragen: „Essen und Trinken hält Leib und Seele zusammen". Dabei lautet die Devise „einfach und deftig". Das betrifft sowohl das **Essen** als auch die **Getränke.** Zum Essen oder auch beim abendlichen Kneipenbesuch lautet die Bestellung häufig: „Kurz-lang", damit gemeint ist Weizenkorn und Bier.

Sprache

Im Münsterland wird traditionell Plattdeutsch gesprochen, genauer genommen der zum Niederdeutschen gehörende Dialekt **Münsterländer Platt.** Wenn man Glück hat, begegnet man in Münster außerdem einem besonderen **Soziolekt,** der **Masematte**. Paohlbürger könnten sich fragen: „Wat schmust der Osnek?", wenn sie wissen möchten, wie spät es ist. Oder man kann beobachten, dass ein Greifer einer Kaline die Fleppe abnimmt, weil sie auf dem Weg zur Maloche auf der Bromfitze eine Zichte geraucht hat. Beobachten kann man in dem Fall, dass ein Polizist einem Mädchen den Führerschein abnimmt, wenn es auf dem Weg zur Arbeit auf dem Mofa eine Zigarette geraucht hat.

Bei der Masematte handelt es sich um eine **eigene Sprache,** die im 19. Jahrhundert von ein paar hundert Leuten erfunden wurde, um sich als Gruppe abzugrenzen. Masematte (hebräisch Masa 'umatán = „Verhandlung") wurde von Händlern, Hausierern, kleinen Handwerkern und Hilfsarbeitern als eine Art **Geschäftssprache** in vier münsterschen Stadtteilen gesprochen, deren Bewohner Juden, Sinti und Roma waren, die Bestandteile ihrer eigenen Sprache in das Deutsche einfließen ließen. Fremde verstanden einerseits so nicht, worüber gerade verhandelt wurde, andererseits wurde so ein besseres Zusammengehörigkeitsgefühl in der Gruppe geschaffen. Solche Sondersprachen gibt es noch heute in vielen Teilen der Welt.

Traditionen und Bräuche

Wie überall sind Traditionen und Bräuche fester Bestandteil im Alltag der münsterländischen Bevölkerung. Einige sind schon sehr alt, manche vergessen, andere wiederum werden heute wie selbstverständlich gelebt und fortgeführt. Sie alle verbinden sich mit bestimmten Terminen im Jahresverlauf und wichtigen Handlungen oder Ereignissen im Leben der Menschen, z.B. Feiern zu Weihnachten, Karneval oder dem Lambertus-Fest.

Der Send am Schloss in Münster

Im gesamten Münsterland und darüber hinaus ist der Send – eine große, mehrtägige **Kirmes** auf dem **Schlossplatz** – bekannt und beliebt. Er findet jedes Jahr an drei Terminen statt – von denen seit 2013 aus Marketinggründen mitunter abgewichen wird, z.B. wegen Terminkollision mit anderen Ereignissen von gesellschaftlicher Bedeutung.

In der Regel findet der Send im Frühjahr vom dritten Samstag nach Beginn der Fastenzeit (Aschermittwoch) bis zum

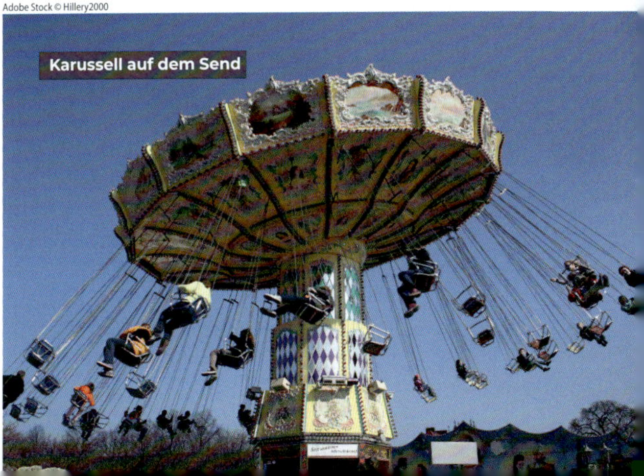

Karussell auf dem Send

vierten Sonntag nach Beginn der Fastenzeit statt. Im Sommer kann der Send von Donnerstag vor dem letzten Sonntag im Monat Juni bis zum folgenden Montag besucht werden. Und im Herbst vom Donnerstag vor dem vierten Sonntag im Monat Oktober bis zum folgenden Montag.

Dem Namen Send liegt wohl die **Synode** zugrunde, eine Versammlung, bei der seit dem 9. Jahrhundert zweimal jährlich Geistliche und Bistumsvertreter bei einer Versammlung zusammenkamen. Später fand traditionell nach der Synode ein Markt statt, bei dem jeder frei Waren verkaufen durfte.

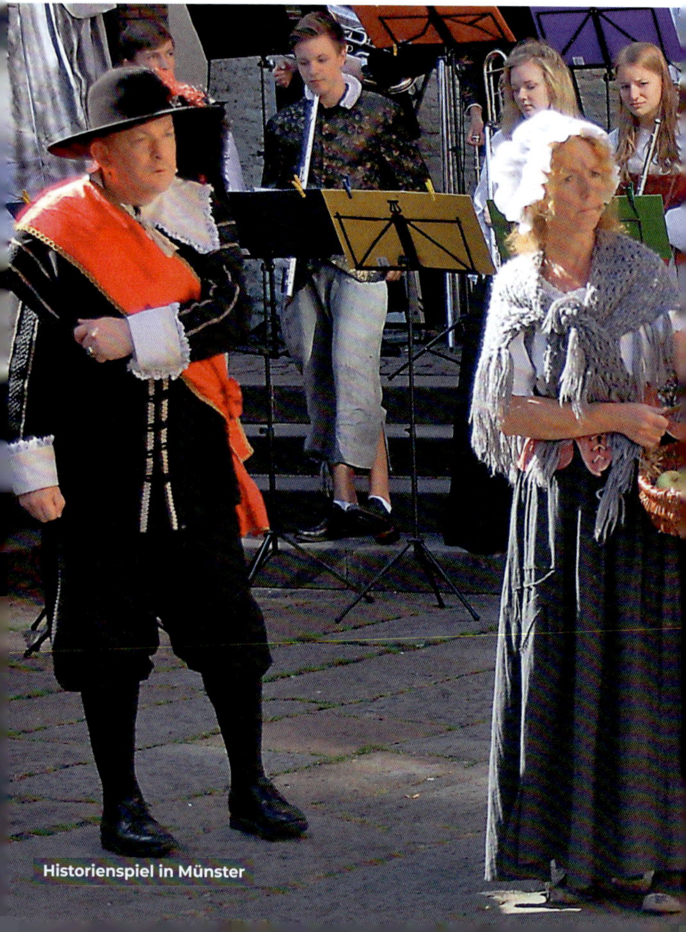

Historienspiel in Münster

Die Aussendung der Friedensreiter

Am 24. Oktober 1648 wurde mit einem Vertrag der **Westfälische Frieden** beschlossen. Mit einem Historienspiel, an dem viele Vereine der Stadt Münster beteiligt sind, wird immer am **25. Oktober** eines Jahres um **16.48 Uhr** an die Unterzeichnung des historischen Friedensvertrages erinnert (die öffentliche Bekanntmachung und die Aussendung der Eilboten, der sogenannten „Friedensreiter", geschah am 25. Oktober 1648). Danach läuten die Kirchenglocken in der Altstadt.

090mu fp

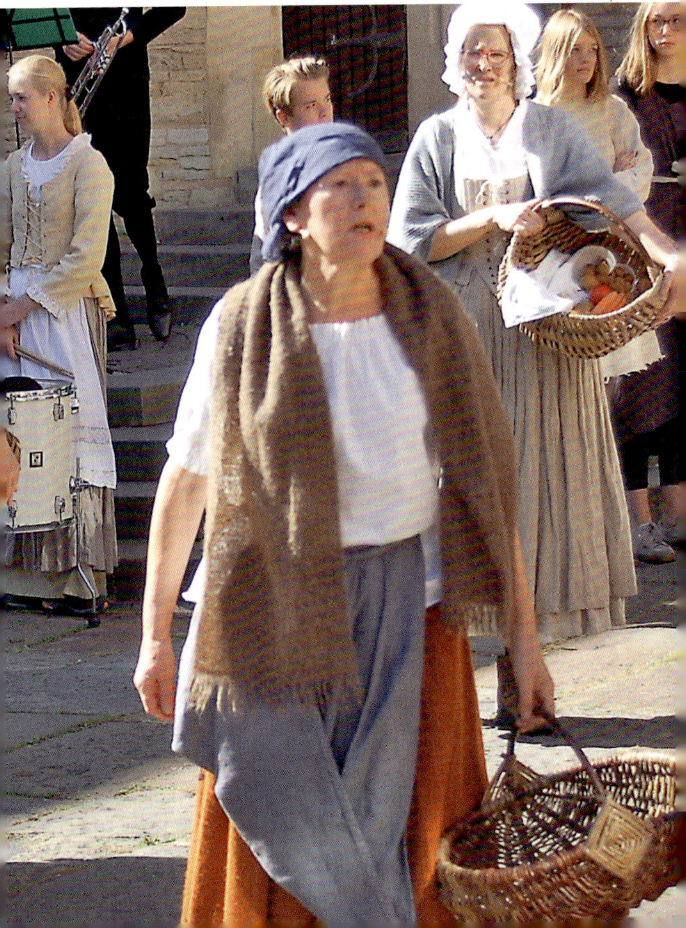

Die Türmerin von St. Lamberti in Münster

Halbstündlich ab 21 Uhr bis letztmalig um 24 Uhr hören Besucherinnen und Besucher der Innenstadt aus luftiger Höhe, nämlich vom Turm der Sankt-Lamberti-Kirche, ein Tuten. **Seit 1383** ist es eine münstersche Tradition, dass ein Türmer auf diese Weise vor Gefahren wie z.B. großen Bränden warnt.

Wurde diese Aufgabe bisher immer von Männern erledigt, so ist es heute eine Frau, die täglich ihrer Arbeit auf dem Turm von St. Lamberti nachgeht. Martje Saljé ist keine einheimische Münsteranerin und zudem evangelisch, zwei weitere eher ungewöhnliche Merkmale der ersten Türmerin in Münster. Sie muss, um ihren Arbeitsplatz zu erreichen, **297 Stufen** steigen. Belohnt wird sie für diesen Aufstieg immer wieder, wenn sie bei klarer Sicht die Baumberge sehen kann.

Die Große Prozession

Diese Prozession, eine jährlich stattfindende Buß- und Bittprozession, entstand zum Ende des 14. Jahrhunderts als **Folge** der **Pest** und eines **Großbrands**. An der Pest starben im Jahr **1382** in Münster innerhalb eines halben Jahres 8.000 Menschen. **1383** wurden 400 Wohnungen bei einem Brand zerstört. Die jährliche Prozession findet immer am **13. Juli** statt, um Buße zu tun und um Schonung zu bitten.

Der Gute Montag

1683 wurde Wien durch das etwa 200.000 Soldaten starke **osmanische Heer,** angeführt vom *Großwesir Kara Mustafa,* belagert. Die Türken wurden von einem Zusammenschluss des Heeres von *Karl V. von Lothringen,* Einheiten aus dem Heiligen Römischen Reich und den Truppen des polnischen Königs *Jan III. Sobieski* zurückgeschlagen.

Bäcker und Konditoren in Münster feiern alle drei Jahre im Juni den „Guten Montag", um daran zu erinnern, dass **münstersche Bäckergesellen,** die **1683** in **Wien** bei einem Bäckermeister lebten und arbeiteten, die Stadt vor der Erstürmung durch die türkischen Truppen bewahrt haben. Einer Legende nach bemerkten die Bäckergesellen während ihrer Nachtarbeit, dass die Türken einen Angriff planten. Sie informierten die Stadtbehörden und die türkischen Truppen konnten überwältigt werden. Traditionsgemäß finden bei der Veranstaltung ein **Umzug,** der **Fahnenschlag** und ein **Ehrentrunk** statt.

Fest des heiligen Lambertus

Jährlich am **17. September,** dem Todestag des *heiligen Lambertus,* feiern die Kinder im gesamten Münsterland mit Laternen und Liedern das **Lambertus-Fest.** Es wird des *heiligen Lambert,* Bischof von Maastricht und Patron der Stadt- und Marktkirche St. Lamberti in Münster, gedacht.

Viele Schulklassen kommen z.B. in Münster zum großen **Pyramidenfest** am Brunnen vor der Lambertikirche. Im Mittelpunkt steht abschließend das **Lambertusspiel,** auch als Käskenspiel (Käsken = Kerzchen/Kerze) bekannt. Bei dem Spiel zieht ein als Bauer verkleideter Mann seine Runden um eine mit Lampions und herbstlichen Blumen geschmückte Pyramide, die aus zwei gegeneinander gestellten Leitern gebildet wird. In diese Pyramide können die Kinder ihre mitgebrachten Laternen mit angezündeten Kerzen hängen.

Der Bauer sucht sich aus den Umstehenden nacheinander eine Frau, ein Kind, eine Magd, einen Knecht, einen Hund (dargestellt durch ein Kind), einen Knochen (Darsteller ist auch ein Kind) und einen Pottlecker (oft ein Erwachsener) aus. Die Darsteller werden oft schon vorher ausgewählt und sind ebenfalls verkleidet. Alle zusammen singen auf Plattdeutsch unter anderem das Lied „O Buer, wat kost dien Hei" („O Bauer, was kostet dein Heu"), während sie um die Pyramide herumziehen. Am Ende des Liedes wird der „Buer" von den Kindern gejagt. Meist hat er einen Korb voller Äpfel dabei, die am Ende verteilt werden.

Essen und Trinken – die Münsterländer Küche

Deftig, bodenständig, herzhaft, sättigend, auch süß, wenn es um Desserts geht – diese Adjektive beschreiben die für das Münsterland typische Küche sehr präzise.

Gern gegessen wird in den Kneipen am Prinzipalmarkt oder im Kreuzviertel in Münster z.B. das Schinkenschnittchen, eine Scheibe deftiges Bauernbrot mit Knochenschinken sowie Pumpernickel, gern auch mit einem Spiegelei und einer Gewürzgurke dazu. Seit dem 17. Jahrhundert wird das Schwarz-

039mu-rf

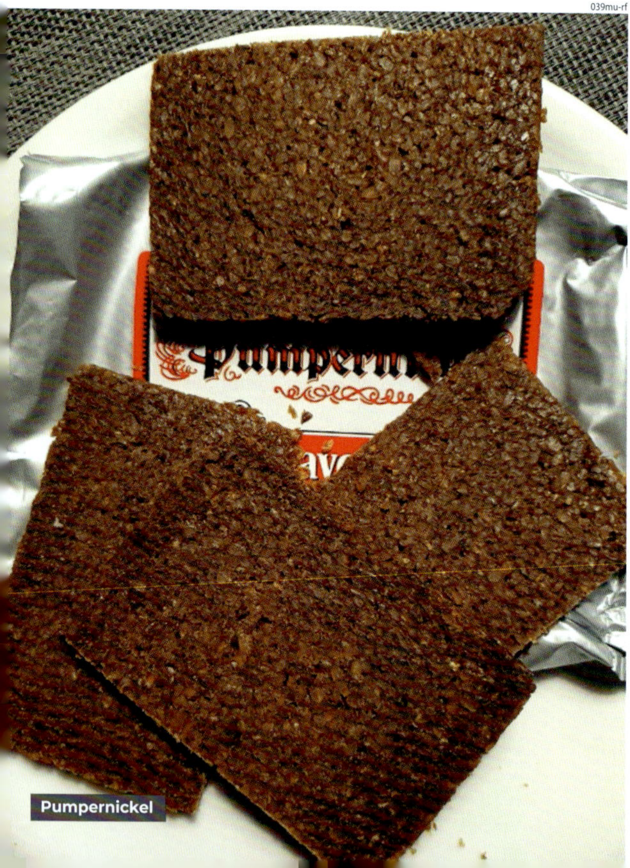

Pumpernickel

brot in Münster spöttisch „Pumpernickel" genannt – spöttisch deswegen, weil es so viel wie „pupsender Nikolaus" bedeuten soll.

Zu dem traditionellen Essen gehört Bier, z.B. das aus der letzten Altbier-Brauerei Münsters oder ein münsterländisches Landbier aus der Bügelflasche. Man kennt auch den Wunsch des Gastes am Stammtisch an den Wirt: „Tu mal noch 'n Kurzen" (einen Klaren, einen Schnaps) oder einfach den erhobenen Zeigefinger des Gastes und die darauf folgende Frage des Wirts: „Kurz, lang?" Damit ist gemeint: „Noch 'n Schnäpsken und 'n Pilsken?" oder auch „Ein Gedeck...".

Das Münsterland hat sehr viele kulinarische Spezialitäten zu bieten. Rindfleisch mit Zwiebelsoße ist beispielsweise ein typisches Gericht, das zu jedem Festtagsessen dazugehört. Feldsalat mit westfälischem Knochenschinken und Birne oder mit Sahne-Speck-Sauce steht sonntags gerne zum Schweinebraten auf dem Tisch. Als leckere Vorsuppe wird eine Kohlrabicremesuppe angeboten oder im Herbst eine wärmende Kürbiscremesuppe mit Kohlrabi und Ingwer.

Ganz typisch für das Münsterland sind die deftigen Eintöpfe. Bestandteil des **Blindhuhn-Eintopfs** ist nicht, wie man annehmen könnte, ein Huhn, sondern viel unterschiedliches Gemüse und würziger durchwachsener Speck. Auch der **Pfefferpotthast** gehört auf die Liste der leckeren münsterländischen Eintöpfe. Als Hauptgerichte bieten sich der Münsterländer Fleischtopf und der Gutsherrentopf westfälischer Art an. Der Münsterländer Schinkenbraten hat natürlich eine Pumpernickelkruste.

Etwas Süßes zum Dessert darf nicht fehlen. Das kann zum Beispiel eine **westfälische Quarkspeise** mit in Kirschwasser getränktem Pumpernickel, Schokolade und Kirschen sein oder eine **Herrencreme** aus Vanillepudding, Schokolade und Rum. Auf dem Kaffeetisch steht nachmittags gern der **Piepkuchen** alias Waffelhörnchen alias Eiserkuchen, am liebsten mit Schlagsahne gefüllt. Piepkuchen heißen die Waffelhörnchen übrigens deswegen, weil aus dem Waffeleisen ein piependes Geräusch zu hören ist, wenn die Waffelplatte jeweils knusprig und goldgelb gebacken ist und aus dem Eisen genommen werden sollte. Sie wird dann ganz schnell vor dem Abkühlen zu einem Hörnchen aufgerollt. So manches naschende Kind hat sich dabei schon die Finger verbrannt, also: Vorsicht!

Pumpernickel

Pumpernickel kann man gut selbst backen! Pumpernickel gehört wie Bauernbrot, westfälischer Schinken, Leber- und Blutwurst sowie Käse auf eine klassische Vorspeisen-Platte. Einfach auf einem großen Holzbrett angerichtet, etwas Butter oder Schmalz dazu – genießen!

Woher kommt der lustig anmutende Name „Pumpernickel"? Der „pupsende Nikolaus" wurde schon erwähnt. Ursprünglich soll Pumpernickel jedoch ein Schimpfwort gewesen sein, das so viel wie „grober Bauernflegel" bedeutete.

Zutaten für 1 Brot

- 1 kg mittlerer Roggenschrot
- 50 g grober Roggenschrot oder übrig gebliebener Pumpernickel
- 50 g fertiger Sauerteig
- 900 ml Wasser
- 2 gehäufte Teelöffel Salz

Zubereitung

Roggenschrot und groben Schrot (oder Pumpernickel) mit Sauerteig, Wasser und Salz mischen. Mit dem Knethaken des Handrührgeräts ca. 20 Minuten zu einem Teig verarbeiten. Teig abgedeckt rund eine Stunde bei Zimmertemperatur gehen lassen. Backofen vorheizen auf 165 Grad. Blech mit hohem Rand mit Wasser füllen. Teig in eine bemehlte Brotbackform geben und auf das Blech stellen. Auf der mittleren Backofenschiene rund 24 Stunden backen. Nach rund einer Stunde Temperatur auf 100 Grad zurückdrehen. Pumpernickel aus dem Ofen nehmen und nach einer Viertelstunde aus der Form stürzen.

Blindhuhn

Der Name dieses Gerichts bezieht sich auf das Sprichwort „Ein blindes Huhn findet auch mal ein Korn". Der Eintopf enthält praktisch alles, nur eines nicht: Huhn. Er besteht unter anderem aus weißen Bohnen, Speck, Möhren, Kartoffeln, Birnen und Äpfeln.

Zutaten für 4 Portionen

- 4 größere Kartoffeln (festkochend)
- 200 g geräucherter, durchwachsener Speck
- 200 g weiße gekochte Bohnen mit Kochsud
- 200 g grüne Bohnen
- 2 Möhren
- 2 kleine Zwiebeln
- 2 Lauchzwiebeln
- 1 säuerlicher Apfel
- 1 Birne
- 1 l Gemüsefond
- 2 Zweige Bohnenkraut
- 4 Zweige Petersilie (kraus)
- 2 Lorbeerblätter
- 4 EL Schnittlauch in feinen Ringen
- 2 Schuss Weißweinessig
- Salz und Pfeffer
- Mehl zum Binden (wenn nötig)

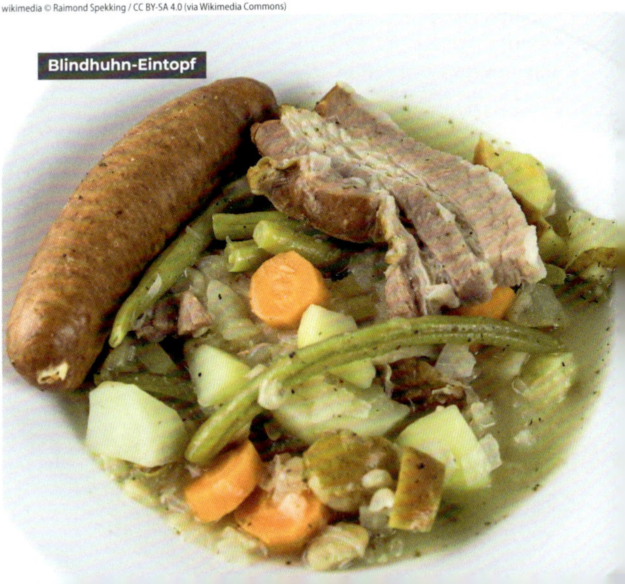

Blindhuhn-Eintopf

Zubereitung

Zwiebeln schälen und grob würfeln. Speck in mundgerechte Stücke schneiden und zusammen mit den Zwiebelwürfeln in einem mittelgroßen Topf bei mittlerer Hitze auslassen. Gemüsebrühe hinzugießen und aufkochen lassen. Grüne Bohnen putzen, waschen und halbieren. Möhren schälen und in Scheiben schneiden. Weiße gekochte Bohnen mit Sud, grüne Bohnen, Möhren, Kräuter und Gewürze in die Brühe geben und alles zugedeckt ca. 20 bis 25 Minuten köcheln lassen. Lauchzwiebeln putzen und in feine Ringe schneiden. Kartoffeln, Apfel und Birne schälen, in kleine Stückchen schneiden und nach rund 10 Minuten Kochzeit dazugeben. Ist das Gemüse gar, Kräuter herausnehmen.

Blindhuhn ist ein sämiger Eintopf. Wer möchte, kann etwas Mehl mit kaltem Wasser verrühren und die Suppe andicken – dafür nochmals aufkochen und dabei umrühren. Zum Schluss mit Salz, Pfeffer und einem Schuss Essig abschmecken und mit etwas Schnittlauch bestreut servieren.

Pfefferpotthast

Als Beilage zu diesem deftigen Gericht eignen sich Salzkartoffeln und Gewürzgurken.

Zutaten für 4 Portionen

- 1 kg Rindergulasch
- 1 kg Zwiebeln
- 3 EL Schmalz
- 500 ml Fleischbrühe
- 1 Zitrone
- 1 Knoblauchzehe
- 1 TL Pfefferkörner
- 8 Pimentkörner
- 2 Lorbeerblätter
- 2 Nelken
- 2 EL Kapern
- 3 EL Paniermehl
- Salz und Pfeffer

Zubereitung

Fleisch grob würfeln und die geschälten Zwiebeln in große Ringe schneiden. Fleisch in Schmalz bei großer Hitze von allen Seiten in einem Topf anbraten und anschließend die Zwiebeln hinzugeben und glasig dünsten. Mit Salz und viel Pfeffer würzen und einige Minuten schmoren lassen. Pimentkörner, Lorbeerblätter, Nelke, zerdrückte Knoblauchzehe und die Hälfte der Zitrone – in Scheiben geschnitten – hinzugeben. Mit der Fleischbrühe ablöschen und alles bei mittlerer Hitze im geschlossenen Topf etwa 90 Minuten schmoren lassen. Zitronenscheiben und Lorbeerblätter herausnehmen und Paniermehl zum Binden hinzugeben. Zuletzt nochmals mit Salz, Pfeffer und Zitronensaft abschmecken. Mit Salzkartoffeln und Gewürzgurken servieren.

085mu-rf

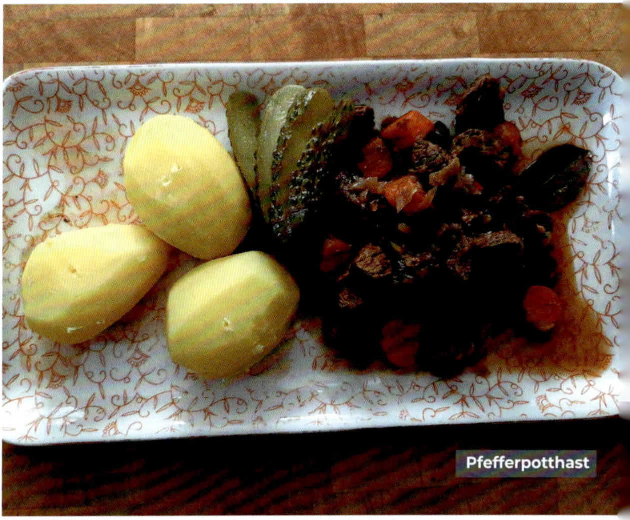

Pfefferpotthast

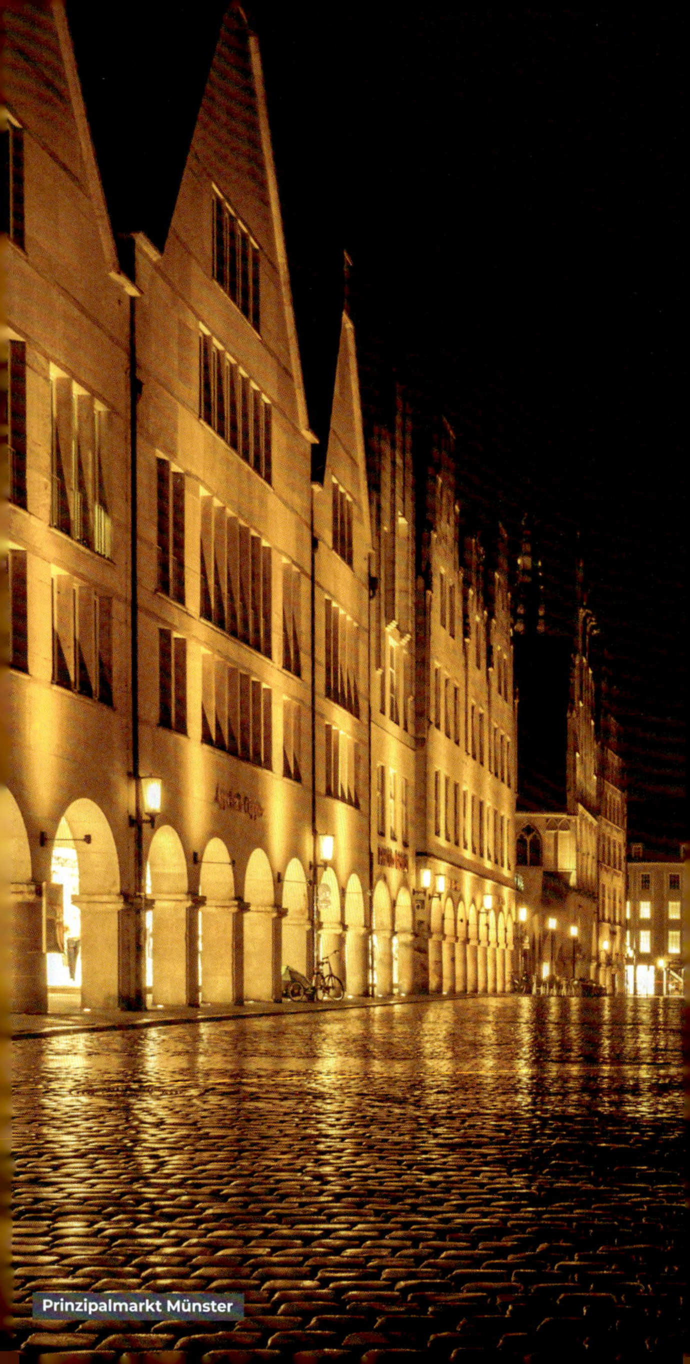

Prinzipalmarkt Münster

MÜNSTER

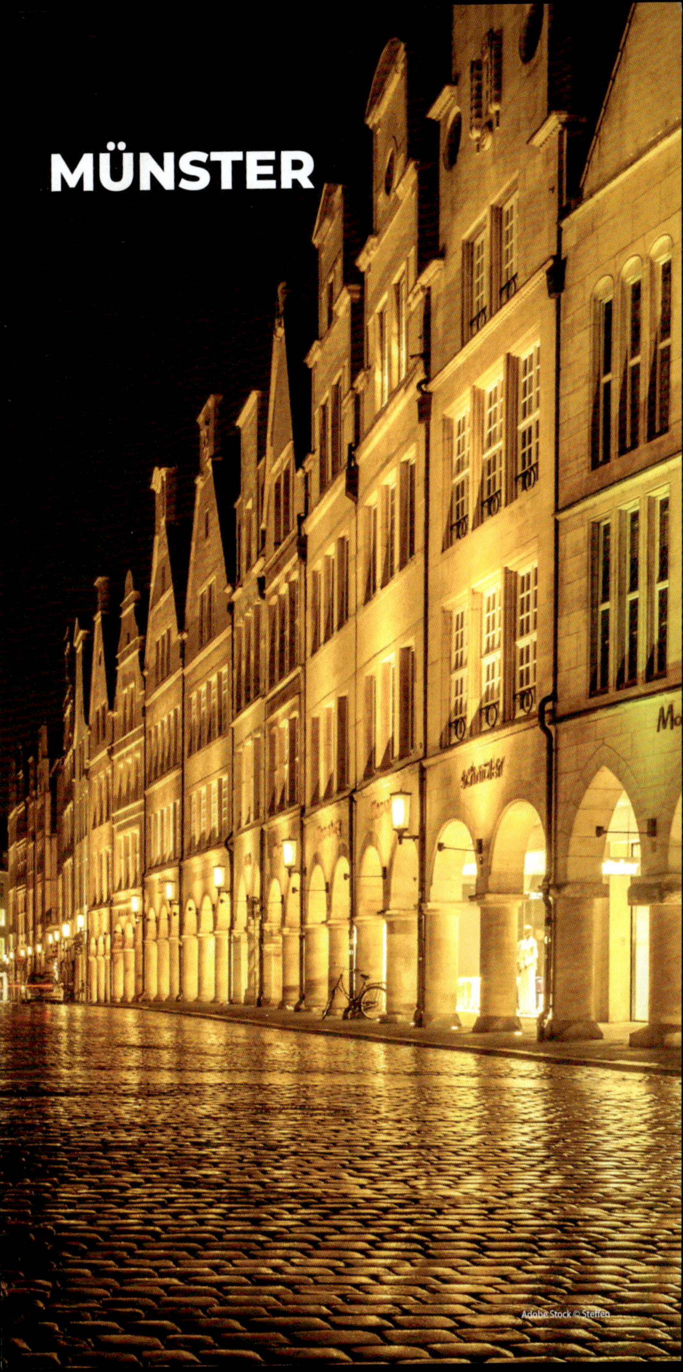

Tour 1
Stadtrundgang Münster

Da Münster das wirtschaftliche Zentrum und gleichzeitig die Metropole des Münsterlandes ist, bietet es sich an, diesen Wanderführer mit einem Rundgang durch die Stadt zu beginnen, auch wenn diese Tour, abweichend von den anderen Wanderungen, durch Stadtgebiet führt.

Beginnend am Hauptbahnhof, geht es an wichtigen Sehenswürdigkeiten vorbei durch das **Stadtzentrum** an den **Aasee,** dort am Ufer entlang bis zum **Allwetterzoo** und schließlich zurück in die Innenstadt. Der Rundgang endet wieder am Hauptbahnhof.

007mu-hk

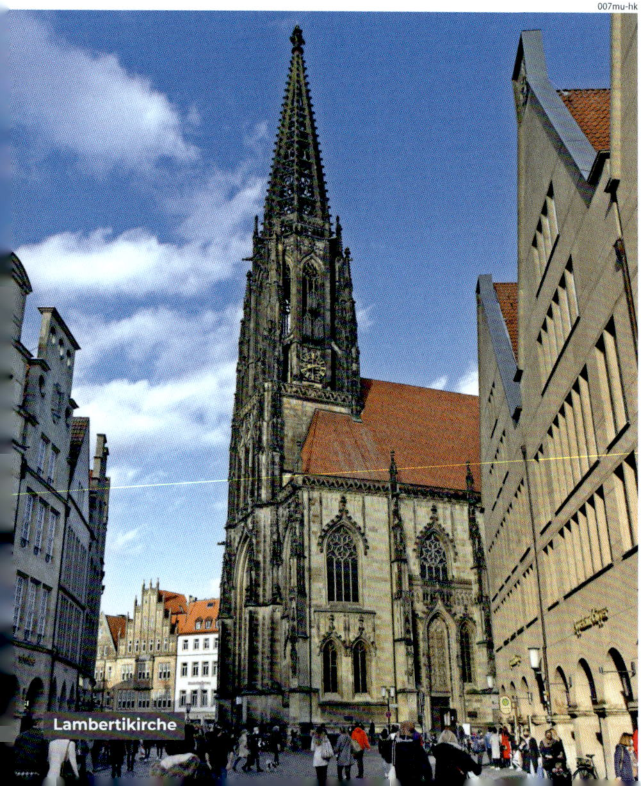

Lambertikirche

Kurze Informationsübersicht

Länge: 9,6 km
Gehzeit: 2,5 Std.
LEICHT

Ausgangsort: 48143 Münster
Startpunkt: Hauptbahnhof, Bahnhofsvorplatz, GPS N 51.95557, E 7.63308
Einkehrmöglichkeit: Restaurant A2 am See, Annette-Allee 3, 48149 Münster, Tel. 0251/2846840, www.a2amsee.de, Öffnungszeiten Mo–Fr ab 11 Uhr, Sa/So ab 9.30 Uhr. Herrliche Terrasse direkt am See. Die normale Speisekarte ergänzend gibt es Saisonales aus der Region, außerdem leckere Kuchen.
ÖPNV: Hauptbahnhof Münster

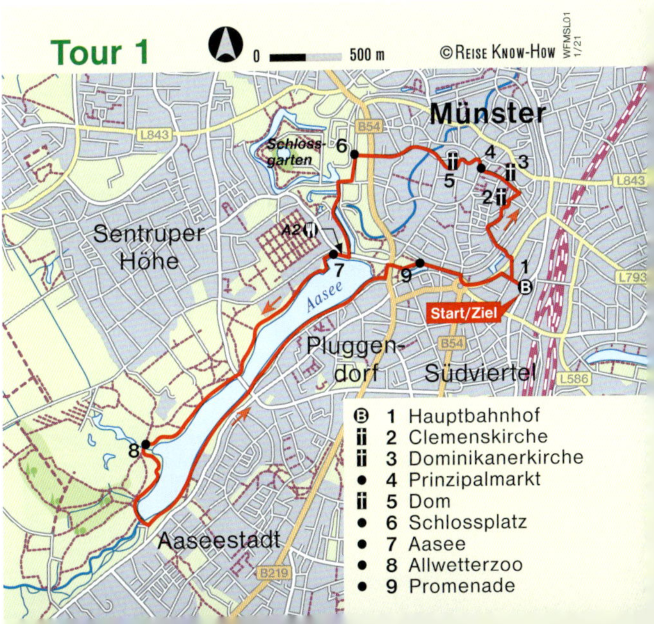

Wegbeschreibung

Startpunkt ist der Vordereingang des **Hauptbahnhofs Münster (1).** Nach der Überquerung des Bahnhofsvorplatzes geht man geradeaus in die Herwarthstraße, biegt rechts ab in die Engelstraße und quert die Promenade auf der Windhorststraße. Ihr folgt man bis zum Harsewinkelplatz und biegt dann rechts ab in die Loerstraße. Hier geht es rechts ab in die Straße An der Clemenskirche. Dann geht man, an der **Clemenskirche (2)** vorbei, über die Ringoldsgasse bis zur Salzstraße. Die Clemenskirche ist die bedeutendste Barockkirche Norddeutschlands, die 1745 bis 1753 von *Johann Conrad Schlaun* geschaffen wurde. An der Ecke Ringoldsgasse/Salzstraße sieht man den Erbdrostenhof, ein ebenfalls von *Johann Conrad Schlaun* erbautes, 1757 fertiggestelltes prächtiges barockes Adelspalais. Der Festsaal des Erbdrostenhofs ist nur für besondere Anlässe zugänglich.

Man folgt der Salzstraße nach links und trifft auf der rechten Seite auf die **Dominikanerkirche (3).** Die Dominikanerkirche wurde 2017 profaniert und präsentiert sich Besuchern als offener Kunstraum. Der Künstler *Gerhard Richter* schenkte der Stadt Münster das Kunstwerk „Zwei Graue Doppelspiegel für

008mu-rf

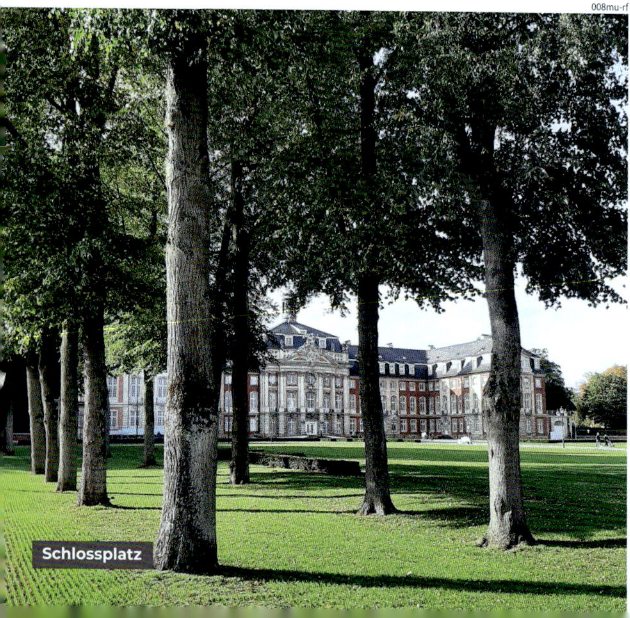

Schlossplatz

ein Pendel", ein Foucaultsches Pendel, das in der Dominikanerkirche zu sehen ist.

Man bleibt auf der Salzstraße und biegt nach wenigen Metern rechts auf den **Prinzipalmarkt (4).** Rechts sieht man die Lambertikirche mit den drei Käfigen an der Kirchturmspitze, in denen die Körper der drei Wiedertäufer *Bernhard Krechting, Bernd Knipperdolling* und *Johann Bockelson,* genannt *Jan van Leiden,* am 22.1.1536 nach deren öffentlicher Hinrichtung ausgestellt wurden (s. Exkurs zu den Wiedertäufern S. 26).

An der Lambertikirche vorbei geht man links in die Domgasse und auf den Domplatz. Hinter dem **Dom (5)** geht man nach rechts am Bischöflichen Generalvikariat vorbei, folgt links der Gasse Spiegelturm und erreicht den Überwasserkirchplatz. Weiter geht es nach links in die Frauenstraße. Man überquert die Straße und kommt auf den **Schlossplatz (6).**

Hinter dem Schloss befindet sich der Schlossgarten mit dem Botanischen Garten, den man jetzt besichtigen könnte.

Vom Schlossplatz aus überquert man nach links den Schlossgraben, geht nach rechts auf der Gerichts- in die Hüfferstraße und biegt dann links ab auf die Promenade. Nun folgt man dem Weg entlang der Aa bis zum **Aasee (7).**

Man folgt jetzt direkt am Aasee der Levin-Schücking-Allee nach rechts. Der Weg führt am Freilichtmuseum Mühlenhof vorbei zum **Allwetterzoo (8).**

Wegvariante

Von den **Aaseeterrassen (7)** kann man, alternativ zum Fußweg, mit dem Solarschiff „Solaris" bis zum Allwetterzoo und zurück fahren (einfacher Weg ca. 30 Min.). Fahrplan und Preise findet man unter www.overschmidt.de.

Am Ausgang des Allwetterzoos hält man sich links, geht über den Pferdeweg am Seeufer entlang und überquert bald die Münstersche Aa Richtung Parkplatz. Man folgt dem Modersohnweg nach links am Aasee entlang, unterquert den Kardinal-von-Galen-Ring und geht weiter geradeaus bis zur Weseler Straße. Diese überquert man und hält sich geradeaus Richtung **Promenade (9).** Dieser folgt man bis zum Ludgeriplatz. Von dort biegt man links in die Schorlemerstraße ein, der man bis zur Herwarthstraße folgt. Dort biegt man nach rechts ab und kommt direkt zum Hauptbahnhof zurück.

Tour 02
Links und rechts der Werse

Auf dieser interessanten Rundwanderung kommt man zunächst am schönen Haus Dyckburg vorbei. Später läuft man entlang der Werse, bevor man zum Abschluss wieder Handorf erreicht.

Die Werse ist ein 67 Kilometer langer Zufluss der Ems. Sie entspringt in den Beckumer Bergen und fließt durch die Kreise Warendorf und Münster. Vor Ahlen dreht sie nach Nordwesten, läuft durch den Münsteraner Stadtteil Handorf und mündet im Stadtteil Gelmer in die Ems. Der interessanteste Abschnitt ist der Bereich **von Wolbeck bis Handorf,** wo es wirklich idyllische, verträumte Auenlandschaften zu sehen gibt, die man einmal aus der Sicht des Wanderers erkunden sollte.

009mu-rf

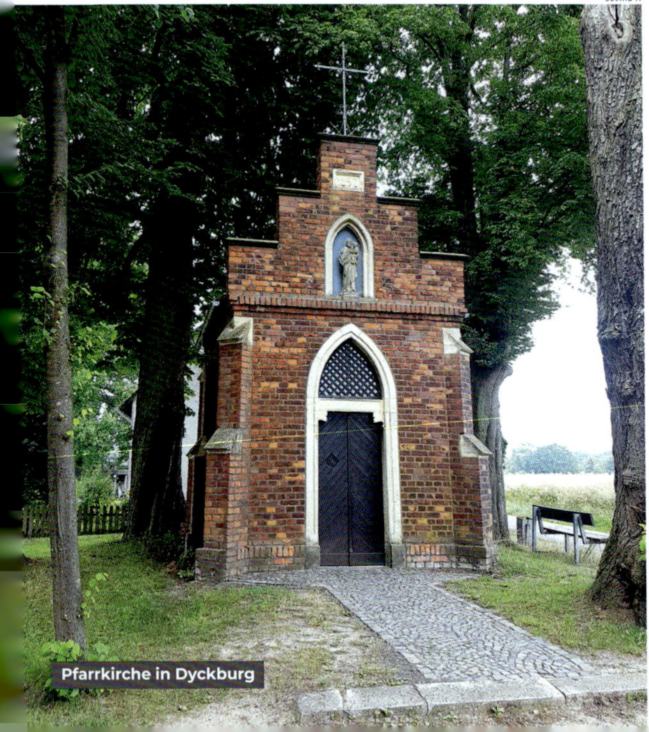

Pfarrkirche in Dyckburg

Kurze Informationsübersicht

Länge: 9,4 km
Gehzeit: 2,5 Std.
LEICHT

Ausgangsort: 48157 Münster-Handorf
Startpunkt: EDEKA-Parkplatz Dorbaumstraße 3 in Handorf, GPS N 51.98905, E 7.69927
Einkehrmöglichkeit: Landgasthof Pleister Mühle, Pleistermühlenweg 196, 48157 Münster, Tel. 0251/136760, www.pleistermuehle.de, Mi/Do Ruhetag. Gutbürgerliche Küche mit westfälischem Einschlag; Café Nobis, Warendorfer Str. 512, 48157 Münster, Tel. 0172/2518788, www.cafe-nobis.com. Hausgemachte Kuchen und Herzhaftes.
Anfahrt: Über B51 von Münster bis Kreuzung Handorfer Straße, dann Richtung Handorf
ÖPNV: Bus N83 ab Münster Hauptbahnhof bis Handorf, Kirschgarten

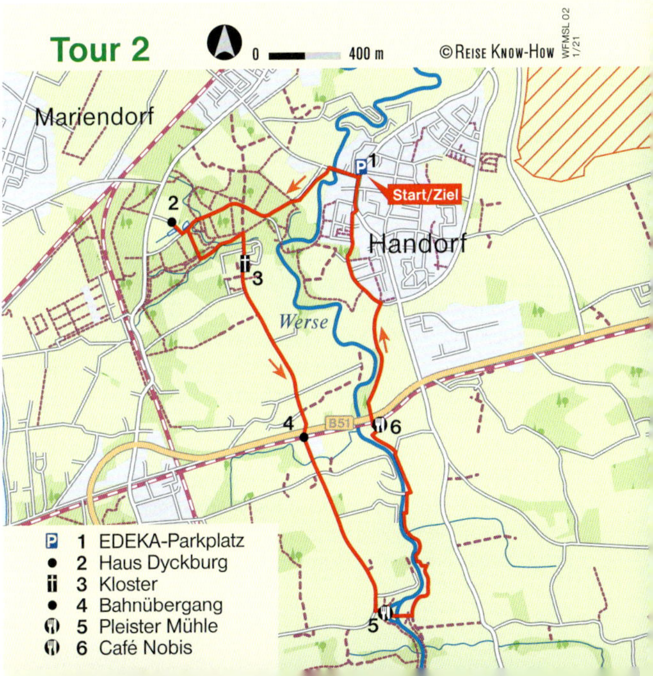

Wegbeschreibung

Die Wanderung beginnt am **EDEKA-Parkplatz (1)** in der Dorbaumstraße 3, führt zur Tankstelle in der Sudmühlenstraße und von dort rechts in Richtung Wersebrücke. Nach Überquerung der Brücke verlässt man die Sudmühlenstraße nach links (X) und folgt der Boniburgallee etwa 300 Meter bis zur nächsten Kreuzung, wo man nach rechts abbiegt. Der Weg, auf dem man sich hier befindet, ist immer noch die Boniburgallee. An der Stelle, wo die Straße rechts zu **Haus Dyckburg (2)** führt, geht es kurz vorher links weiter in Richtung Wald auf einen unmarkierten Weg. Nach knapp 200 Metern biegt man am zweiten kreuzenden Weg links ab und folgt dem Waldweg bis zum Wersebeckmannweg. Hier hält man sich rechts und erreicht, vorbei an einer rot-weißen Schranke, das **Kloster (3)** und ein anschließendes Schulgelände. Nun folgt man der asphaltierten Straße in Richtung B51 (Warendorfer Straße). Dabei passiert man das Gelände eines Golfplatzes. Anschließend wird die B51 und ein **Bahnübergang (4)** im Ortsteil Werse überquert, dann geht es auf dem Pleistermühlenweg weiter bis zur nächsten Kreuzung, ab der der Weg dann mit X markiert ist.

Haus Dyckburg

Die ehemalige **Wasserburg** Haus Dyckburg in Münster-Handorf wurde erstmals im Jahr 1400 erwähnt. Während ihrer wechselvollen Geschichte hatte die Burg viele Nutzer und Besitzer, so zum Beispiel 1534/35 den Fürstbischof *Franz von Waldeck* und seine Truppen oder auch seit 1722 *Christian von Plettenberg-Marlhülsen.* Er und weitere Besitzer beauftragten *Johann Konrad Schlaun* mit dem Bau heute noch existierender **Wirtschaftsgebäude** und später einer **Marienkappelle.** Ein weiterer Käufer war 1884 *Graf Bonifatius von Hatzfeld-Trachenberg.* Seine vermögende Frau *Olga* investierte in den Umbau und die Erweiterung der Kapelle. Die zweite Frau des Grafen verkaufte nach dessen Tod den Besitz an die Stadt Münster. *Bischof Michael Keller* erhob die Dyckburg-Kirche zur **Pfarrkirche.**

Man gelangt zum **Landgasthof Pleister Mühle (5)** und überquert am Schild „Kanuverleih" die Werse. Auf der anderen Seite der Werse geht es dann zurück Richtung Handorf. Nach etwas mehr als einem Kilometer quert man wieder die B51 am **Café Nobis (6).** Man hält sich links und dann auf dem Radweg gleich wieder rechts und setzt den Weg knapp einen Kilometer fort. So erreicht man den Ortsrand von Handorf und folgt der Pröbstingstraße, die dann in die Handorfer Straße mündet, nach links in Richtung Ortszentrum und zum Parkplatz in der Dorbaumstraße.

010mu-rf

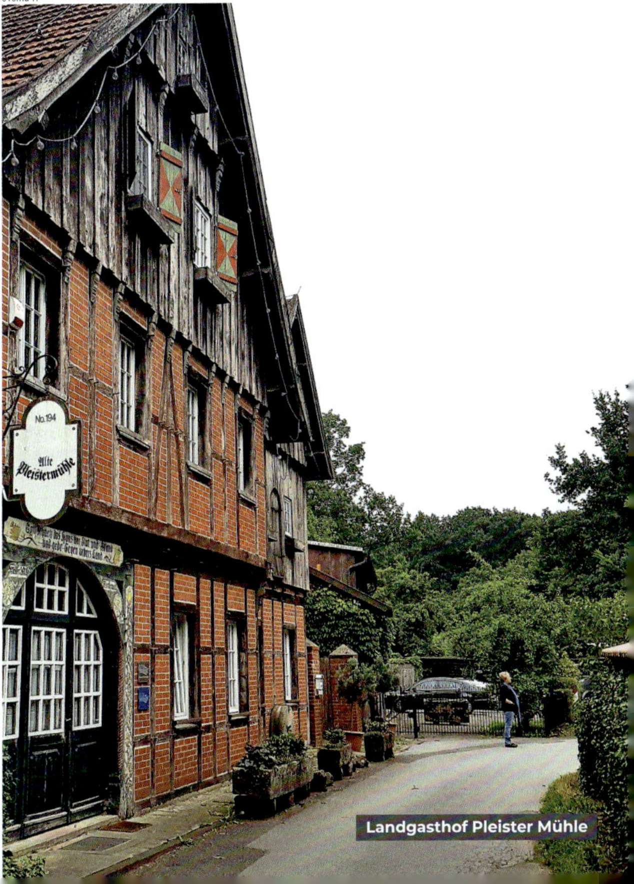

Landgasthof Pleister Mühle

Tour 3
Durch die Davert

Das Naturschutzgebiet der Davert grenzt im Süden an das Stadtgebiet von Münster. Ursprünglich war das Gebiet eine eher waldarme Heide- und Moorlandschaft. Im 19. Jahrhundert begann man mit Aufforstungsmaßnahmen, schuf Entwässerungsgräben und ab Mitte des 20. Jahrhunderts renaturierte man viele begradigte Bach- oder Flussläufe. Außerdem beweidete man die Landschaft mit Heckrindern und Konikpferden. Abschnitte des Emmerbachs wurden so zu Biotopen umgestaltet.

Ausgehend von **Davensberg** durchquert man zunächst die südliche Davert mit der bekannten wie schauerlich wirkenden **Teufelseiche.** Man durchstreift dieses bemerkenswert große Gebiet aus Eichen- und Buchenwäldern, bis man im Gebiet des Emmerbachs einen weithin sichtbaren **Storchenhorst** erblickt. In Emmerbachnähe bleibt man dann, bis man zum Ende der Rundtour wieder nach Davensberg kommt.

011mu-rf

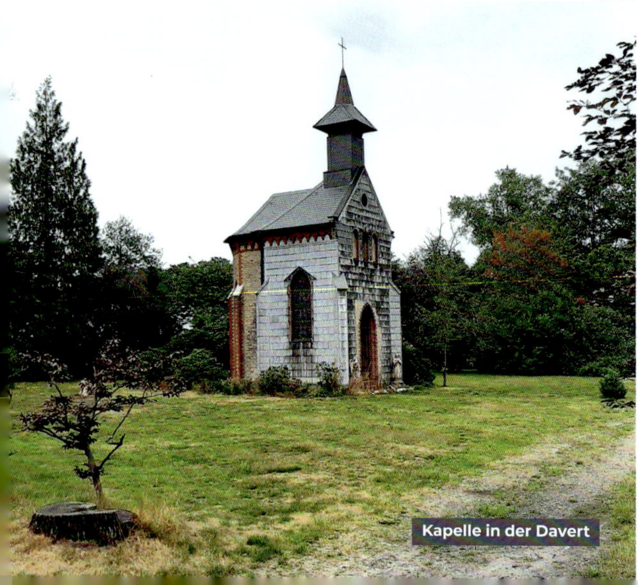

Kapelle in der Davert

Kurze Informationsübersicht

Länge: 10,4 km
Gehzeit: 3 Std.
LEICHT

Ausgangsort: 59387 Davensberg
Startpunkt: Bahnhof in Davensberg, GPS N 51.81683, E 7.59788
Einkehrmöglichkeit: Gasthaus Eickholt, Frieport 22, 59387 Davensberg, Tel. 02593/7565, www.gasthaus-eickholt.de, geöffnet Do/Fr 14–23 Uhr, Sa/So 11–23 Uhr. Gutbürgerliche Küche. Spezialität des Hauses sind Gerichte mit Auerochsenfleisch!
Anfahrt: Davensberg, Bahnhof, Anfahrt über A1 Ausfahrt Ascheberg, jetzt B58, dann erste Kreuzung rechts bis Davensberg, in Davensberg der Beschilderung Bahnhof folgen
ÖPNV: Regionalbahn RB 50 ab Münster Hbf bis Davensberg

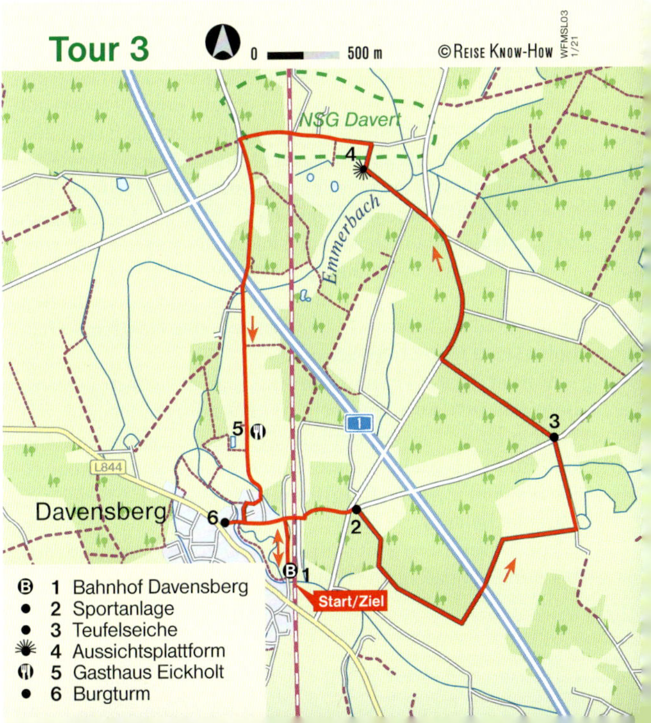

Wegbeschreibung

Man geht vom Parkplatz des **Bahnhofs (1)** rechts an der Straße entlang. Nach ein paar Metern in nördlicher Richtung erreicht man das Gebäude des alten Bahnhofs Davensberg, an dem man vorbeigeht. Nun hält man sich rechts durch die Unterführung. Dahinter folgt man dem Weg in den Wald (A2, A3). Dann überquert man die Kreisstraße, hält sich kurz geradeaus und biegt vor der **Sportanlage (2)** rechts ab (A2). Man kommt wieder in den Wald und setzt den Weg auf W2 fort. Dann passiert man einen Bauernhof und geht etwa einen Kilometer geradeaus. Der Weg knickt jetzt links ab und überquert die Autobahn. An einem Beobachtungsstand mit Ruhebank setzt man den Weg nach rechts weiter fort in Richtung eines Bauernhofes. Davor biegt man links ab, passiert eine Kapelle und nähert sich der sich an der Kreisstraße befindenden **Teufelseiche (3)**. An dieser Stelle steht ein hölzerner Gebetsstock. Jetzt führt der Weg etwa einen Kilometer geradeaus durch den Wald. Auf der nun querenden Straße geht man rechts weiter. An einem Bauernhof, der sich in einer leichten Linkskurve befindet, biegt man in der Kurve nach links von der Straße ab (X). Der asphaltierte Weg knickt nun links ab, man folgt aber weiter dem Weg geradeaus und überquert auf einer Brücke den Emmerbach. Der Weg knickt nach etwa 200 Metern nach rechts ab. An dieser Stelle hält man sich geradeaus in Richtung Storchenhorst mit **Aussichtsplattform (4)**. Von dort geht es rechts ab und nach rund 100 Metern nach links. Jetzt kommt man zur Bahnlinie, unterquert sie und geht geradeaus weiter bis zum Jagdhaus. Hier biegt man links ab und bleibt auf dem X. Man überquert die Autobahn, setzt den Weg geradeaus fort (A1) und passiert das **Gasthaus Eickholt (5)** mit Einkehrmöglichkeit.

Auf der Straße Frieport erreicht man schließlich Davensberg, hält sich auf dieser rechts und weiter geradeaus bis der Weg in einen Fußweg übergeht. Dieser wiederum endet in der Straße Hagenkamp, die in den Mühlendamm mündet. Rechts sieht man den **Burgturm (6),** in dem sich ein Heimatmuseum befindet.

Von Davensberg geht man am Mühlendamm ortsauswärts bis zum Bahndamm und dann rechts zum Ausgangspunkt.

Die Teufelseiche

Wer von der Teufelseiche in der **Davert** bei Davensberg hört, denkt sofort an etwas Gruseliges, Dunkles und Furchterregendes in einer Gegend, die man eher meiden sollte, wenn man keine unangenehme Überraschung erleben möchte. Über die Davert wurden in früheren Zeiten viele dieser Gruselgeschichten erzählt, so auch die vom *Rentmeister Schenkewald,* der viele Menschen betrogen hatte, aber nie dafür bestraft wurde. Als **Geist** soll er heute noch immer in einer Kutsche durch die Davert jagen, verbannt von einem Pater aus Münster. Manch einer will ihn schon gesehen haben ...

Die Davert weist einige Elemente auf, die die Fantasie der Menschen anregen kann. Dazu gehören neben dem moorigen, unwegsamen Gelände auch der oft aufziehende **Nebel**. Es ist also ein Ort, an dem man sich gut Geschichten über spukende Seelen der verstorbenen, ehemaligen Verbrecher vorstellen kann. Ein Übriges tut die Vegetation mit **Wacholder, Ginster** und **Krüppelkiefern,** die in der Dämmerung skurrile Schatten wirft. Alles in allem eine Atmosphäre, die Abergläubige durchaus dazu veranlassen könnte, die Davert zu meiden.

012mu-rf

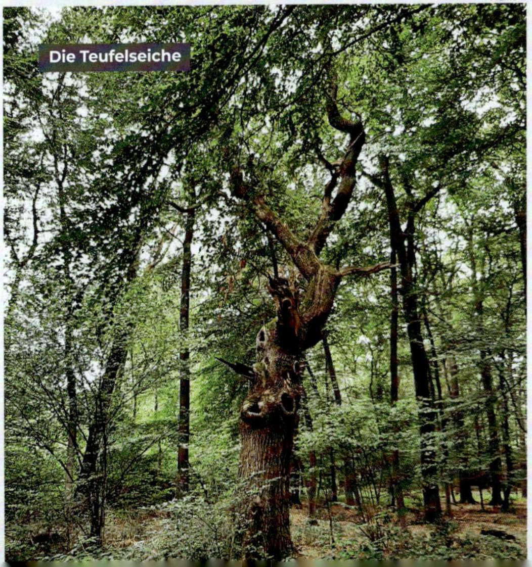

Die Teufelseiche

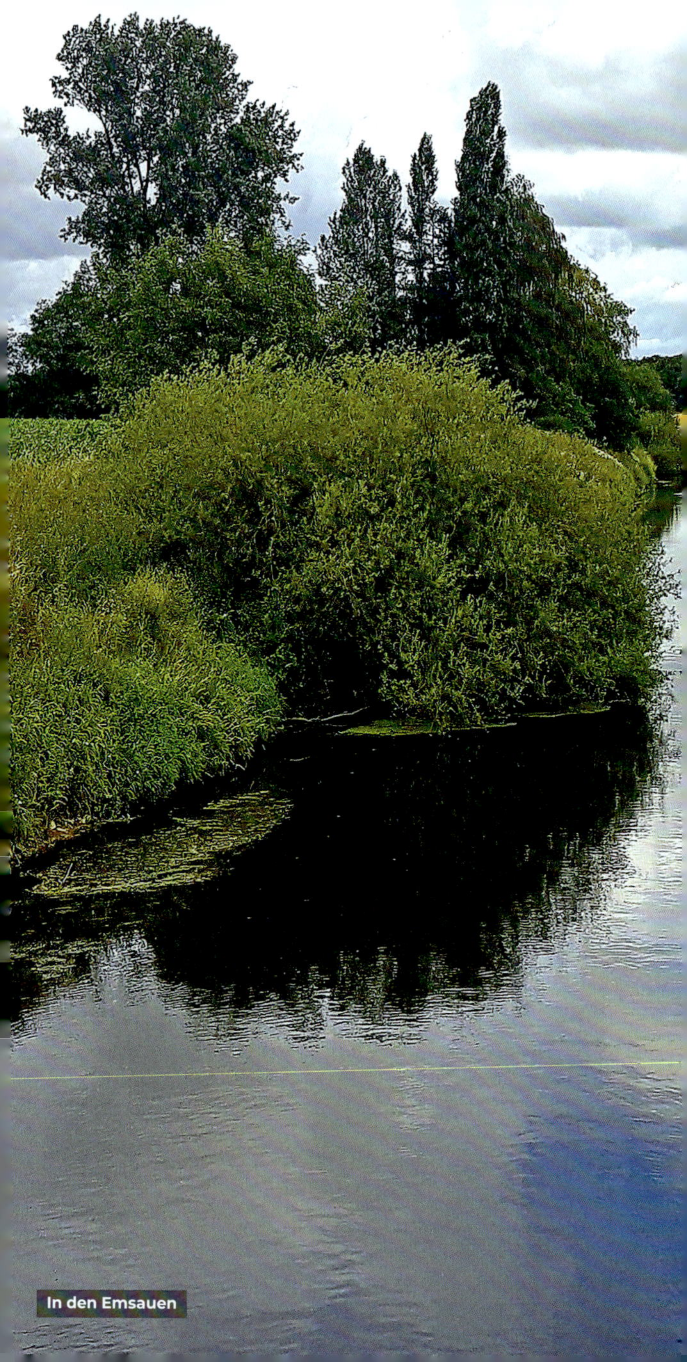

In den Emsauen

STEINFURTER LAND

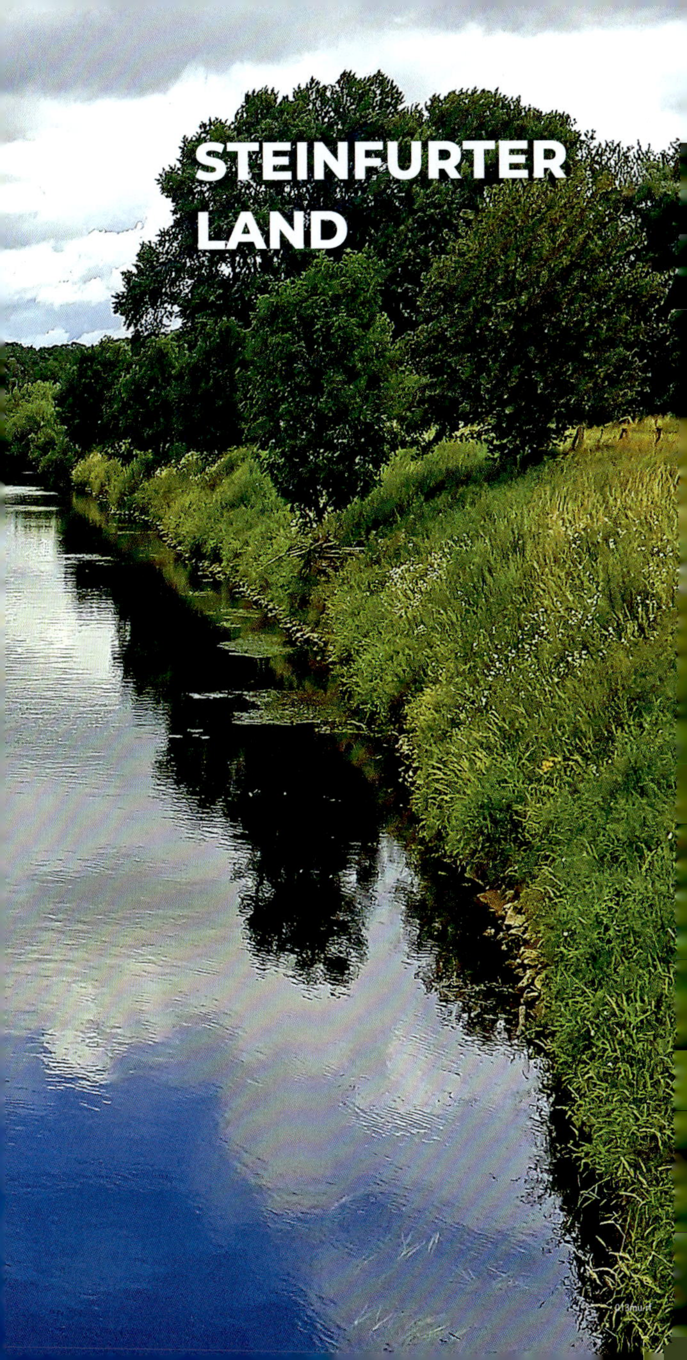

013mu-rf

Tour 4
Bockholter Berge und Große Heide

Eine Wanderung durch die Bockholter Berge ist für die Besucher des beliebten Naherholungsgebietes sehr reizvoll. Ein Abstecher nach Gimbte, ein malerisches Dorf in direkter Nachbarschaft, lohnt immer. Die Wanderwege sind markiert und bieten ein interessantes Wandererlebnis.

In Richtung Lönsstein gehend überquert man von Gimbte aus die Ems. Direkt am anderen Ufer trifft man auf den **Hollandgängerweg.** Sein Name stammt aus der Zeit der beginnenden Industrialisierung in Deutschland, um 1835. Weil die Menschen zu jener Zeit im ärmeren Münsterland in der Landwirtschaft kaum noch ihren Lebensunterhalt verdienten, waren Bauernsöhne und Heuerleute gezwungen, als Wanderarbeiter mehrere Monate des Jahres nach Holland zu gehen, um dort zu arbeiten und Geld zu verdienen. Sie halfen bei Arbeiten an Haus und Hof, mähten die Felder oder schlossen sich den Torfstechern an. Heute ist die Strecke ein beliebter Wanderweg, der von Münster über Greven bis an die **holländische Grenze** führt.

014mu-rf

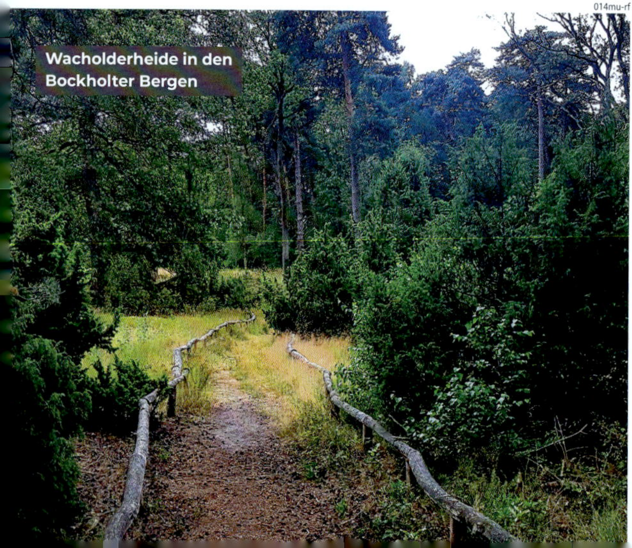
Wacholderheide in den Bockholter Bergen

Kurze Informationsübersicht

Länge: 7,9 km
Gehzeit: 2 Std.
LEICHT

Ausgangsort: 48268 Gimbte
Startpunkt: Parkplatz Alter Fährweg in Gimbte, GPS N 52.06033, E 7.64530
Einkehrmöglichkeit: Altes Wirtshaus Kaltefleiter, Fährweg 6, 48268 Greven-Gimbte, Tel. 02571/95420, www.gimbte.de/kaltefleiter, Fr–Di ab 11.30 Uhr geöffnet, Mi und Do Ruhetag. Regionale Küche.
Anfahrt: Gimbte, Parkplatz Alter Fährweg, Anfahrt über die A1, Ausfahrt Greven, dann rechts Richtung Münster bis zum Abzweig nach rechts Richtung Gimbte, Parken am Parkplatz Alter Fährweg in Gimbte
ÖPNV: RB 65 ab Münster bis Greven, dann RB 51 bis Gimbte

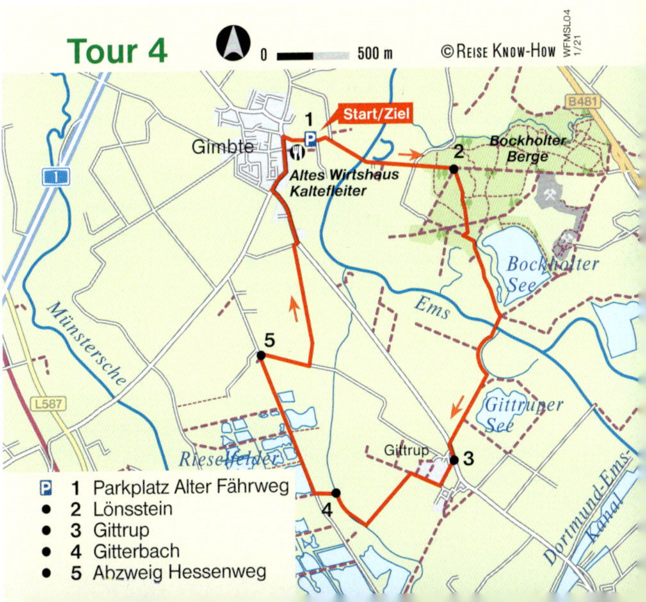

Wegbeschreibung

Man geht vom **Parkplatz Alter Fährweg (1)** nach rechts über die Emsbrücke und weiter Richtung Wald (Wegmarkierung X). An dieser Stelle befindet sich links von der Straße der **Lönsstein (2).** Dann passiert man rechts ein Metalltor und biegt rechts ab zur Wacholderheide (X). Nach etwa 600 Metern erreicht man eine asphaltierte Straße und setzt den Weg links fort. Auf dem Weg X bleibend überquert man die Ems, erreicht die Ortschaft **Gittrup (3)** und geht dann schräg links und im Ortskern rechts. An der nun folgenden Gabelung geht man zunächst rechts an einem Hofladen vorbei und biegt bei der nächsten Gelegenheit nach links in einen Wiesenweg ab. Der Weg ist mit Kopfweiden gesäumt. Nun erreicht man den Gitterbach, an dem man ein Stück rechts entlanggeht. Bei der nächsten Gelegenheit geht man über den **Gitterbach (4)** und

Gimbte – Ein Dorf mit Geschichte

Gimbtes wohl ältester Name ist „Gimmethe" und bedeutet „Grasland an der Ems". Der Ursprung der heutigen Siedlung im **Frühmittelalter** (8./9. Jahrhundert) ist wissenschaftlich belegt. Aus zwei Hofgruppen auf Bodenerhebungen im Tal zwischen Ems und Aa entstand allmählich das Dorf. Den Haupthof Schulze Bisping schenkte der damalige Bischof von Münster, *Herimann I.*, 1040 dem Münsterischen Überwasserstift. Weil Gimbte wegen seiner Lage direkt an der Ems sehr häufig von **Hochwassern** bedroht war, bekam die Ems 1830 ein neues Flussbett, um zu verhindern, dass Häuser beschädigt werden oder sogar versinken. Wegen starker Beschädigungen musste 1836 die St. Johannes-Kirche, heute ein denkmalgeschütztes Kirchengebäude, neu erbaut werden. Nur der Turm konnte erhalten werden.

Eine wichtige Verbindung zur **Bauerschaft Bockholt** war bis 1939 eine urkundlich zum ersten Mal 1341 erwähnte Fähre über die Ems. 1950 wurde die Fährverbindung durch den Bau einer Brücke ersetzt.

vor zum Hessenweg. Dort setzt man den Weg rechts fort. Bei der nächsten Ansiedlung, **Abzweig Hessenweg (5),** biegt man rechts ab und folgt nun dem X Richtung Gimbte. Man erreicht bei der Kirche den Ausgangspunkt.

015mu-rf

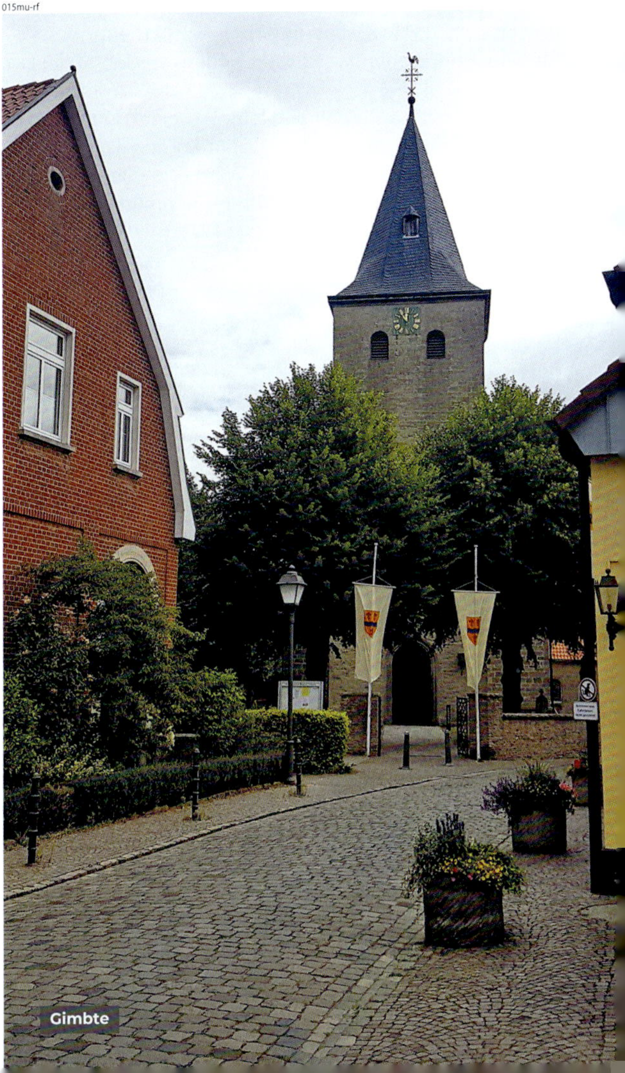

Gimbte

Tour 5
Durch das Bagno zum Buchenberg

Der Wanderweg verläuft in Form einer Acht zum Buchenberg. Auf dem interessanten Weg mit vielen alten Bäumen, die zum Teil als Naturdenkmal ausgewiesen sind, kommt man unter anderem im Bagno-Park an vielen sehenswerten Skulpturen vorbei.

Die Tour startet am **Schloss Steinfurt,** einer ringförmigen Burganlage, die erstmals 1129 erwähnt wurde. Es handelt sich um die älteste **Wasserburganlage** Westfalens. Sie steht auf einer kreisförmigen, von der Steinfurter Aa umflossenen Insel. Neben der Burg entstand die erste Marktsiedlung, aus der später Steinfurt wurde.

018mu-rf

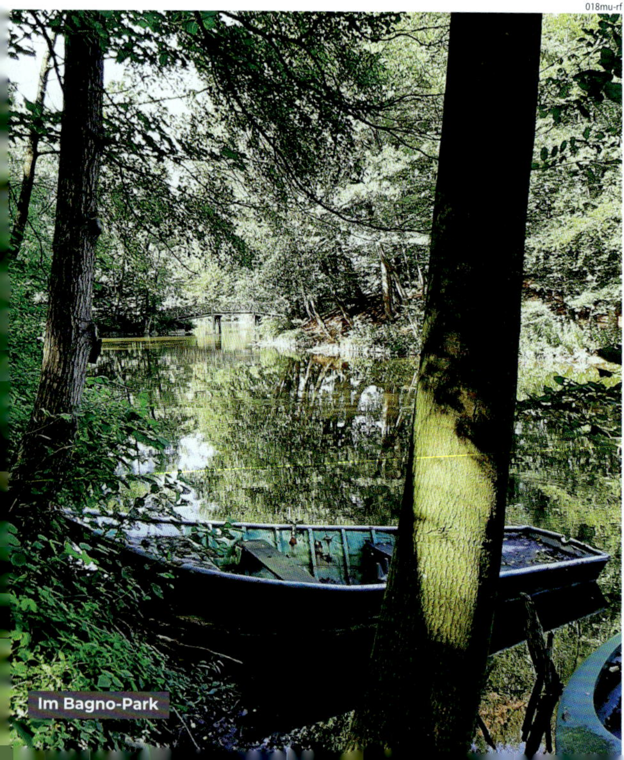

Im Bagno-Park

Kurze Informationsübersicht

Länge: 8,4 km
Gehzeit: 2,5 Std.
LEICHT

Ausgangsort: 48565 Steinfurt (Burgsteinfurt)
Startpunkt: Parkplatz Burgstraße,
GPS N 52.14585, E 7.34393
Einkehrmöglichkeit: Ackerbürger, Viefhoek 5, 48565 Steinfurt, Tel. 02551/8640877, www.ackerbuerger-steinfurt.de, geöffnet Mo–Do 17–0 Uhr, Fr–So 12–0 Uhr, Mi Ruhetag. Gutbürgerliche und mediterrane Küche.
Anfahrt: Anfahrt über B54, Ausfahrt Burgsteinfurt, dann Richtung Burgsteinfurt bis zum Schloss
ÖPNV: RB 64 bis Burgsteinfurt, dann zum Schloss, bzw. Bagno-Park

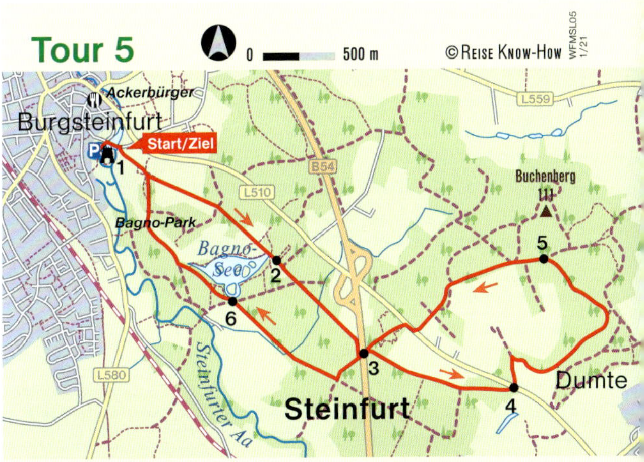

- P 1 Parkplatz
- 2 Konzertgalerie
- 3 B54
- 4 Burgsteinfurter Straße
- 5 Buchenberg
- 6 Bagno-See

Wegbeschreibung

Die Wanderung startet am **Parkplatz (1)** und geht zunächst durch den Schlosspark. Man hält sich links (X, HL) und kommt durch eine Allee links an einem Golfplatz vorbei. Dann geht es weiter bis zum Ende der Grünfläche, von wo man in den Wald und links an der **Konzertgalerie (2)** vorbei geht. Auf der linken Seite befindet sich ein Wasserband mit Fontänen und Skulpturen. Man bleibt weiterhin auf dem Weg geradeaus, erreicht und unterquert die **B54 (3)** nach links. Hinter der Unterquerung setzt man den Weg rechts fort (X) und nähert sich der **Burgsteinfurter Straße (4).** Man überquert diese und biegt dann kurz danach rechts ab auf den Waldweg. Der markierte Weg wird an einer hölzernen Schranke verlassen, anschließend geht es in einem großen Linksbogen nahezu ebenerdig auf dem breiteren Waldweg weiter, bis rechts ein Rastplatz am **Buchenberg (5)** zu sehen ist. Man setzt die Tour geradeaus knapp zwei Kilometer fort (A2, 3). Es geht hier links

Das Steinfurter Bagno

1765 ließ *Graf Karl* im Südosten des Wasserschlosses der Fürsten von Bentheim-Steinfurt einen großzügigen Park als **Barockanlage** mit einem geometrischen Garten, einem Lustschlösschen und einem Badehaus anlegen. Der Name Bagno stammt aus dem Italienischen – „il bagno", das Badehäuschen. Im Bagno fanden viele **Feste** mit **Feuerwerk** statt, auch Theateraufführungen und Konzerte waren sehr attraktiv für viele Besucher. Beliebt waren auch Bootsfahrten auf dem See. Aufgrund dieser Vorgeschichte kann man tatsächlich einen Bogen zu heutigen **Vergnügungsparks** schlagen. 1774 wurde die Konzertgalerie, das älteste erhaltene Gebäude im Bagno, als erster freistehender Konzertsaal auf dem europäischen Kontinent vollendet. Heute geben hier Künstler von Weltruf wieder Konzerte. 2004 wurde das Bagno, in seiner historischen quadratischen Grundform mit modernen Materialien neu gestaltet. Nahezu alle Wiesenflächen des Parks werden heute von einem **Golfclub** genutzt.

wieder leicht bergab und geradeaus weiter, bis man wieder an der Bundesstraße ankommt, an der man zunächst ein kleines Stück nach rechts geht, um sie dann zu überqueren. Nach etwa einem halben Kilometer unterquert man die B54 und setzt die Wanderung (Raute) einen weiteren Kilometer fort. Nach rund 200 Metern biegt man rechts ab und nähert sich dem Bagno-Park, durchquert diesen, vorbei am **Bagno-See (6)**, und erreicht nach Passieren des dahinter liegenden Golfplatzes wieder den Ausgangspunkt der Wanderung.

019mu-rf

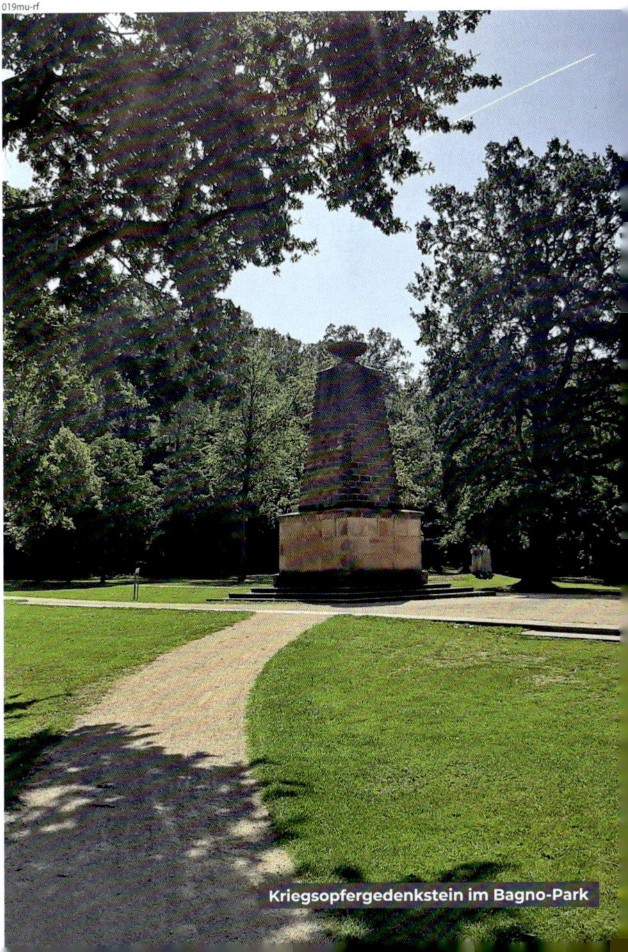

Kriegsopfergedenkstein im Bagno-Park

Tour 6
Zum Kloster Bentlage

Der Name des links der Ems liegenden denkmalgeschützten Museums Kloster Bentlage vereinigt die vormalige Funktion des 1437 gegründeten Kreuzherrenklosters mit der heutigen eines Museums für Kunst- und Kulturgeschichte. Das Museum bietet heute innen und außen viel Raum für Gegenwartskunst in wechselnden Ausstellungen, Aufführungen und Installationen internationaler Künstler.

Auf dieser abwechslungsreichen Wanderung durch das **Erholungsgebiet Bentlage** kommt man zunächst am Museum Kloster Bentlage vorbei. Anschließend verläuft der Weg an der Ems entlang. Wer mag, kann zum Ende der Wanderung den schönen **Naturzoo Rheine** besuchen.

020mu-rf

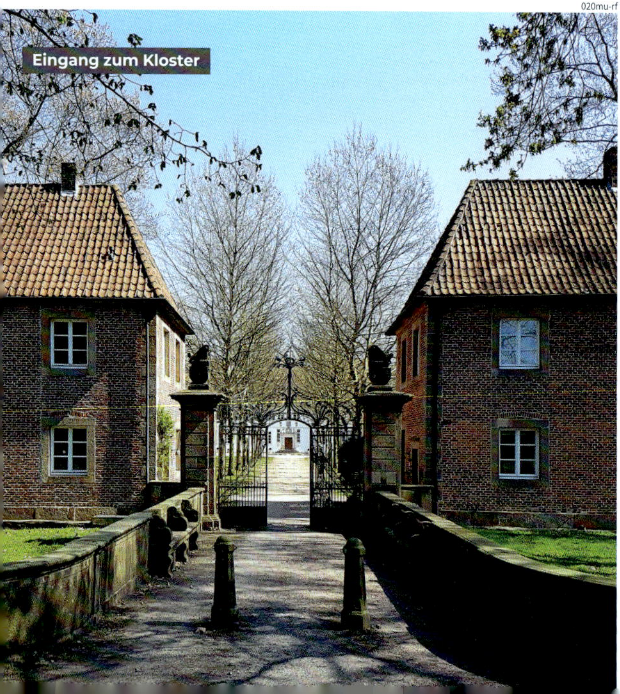

Eingang zum Kloster

Kurze Informationsübersicht

Länge: 10,1 km
Gehzeit: 2,5 Std.
LEICHT

Ausgangsort: 48431 Rheine
Startpunkt: Parkplatz Gertrudenweg unter der Brücke zum Konrad-Adenauer-Ring, GPS N 52.28555, E 7.43355
Einkehrmöglichkeit: High Tea Café im Kloster Bentlage, Bentlager Weg 130, 48432 Rheine, Tel. 05971/918402, www.highteacafe.eu, geöffnet Di–Fr 14–18 Uhr, Sa/So und feiertags 11–18 Uhr, Mo Ruhetag. Kaffee, Tee und Kuchen sowie westfälische Spezialitäten.
Anfahrt: Über B481 bis Rheine, kurz vor dem Konrad-Adenauer-Ring rechts in den Bentlager Weg, Parken unter der Brücke
ÖPNV: RB 65 ab Münster bis Bhf. Rheine, dann entlang der Ems zum Ausgangspunkt

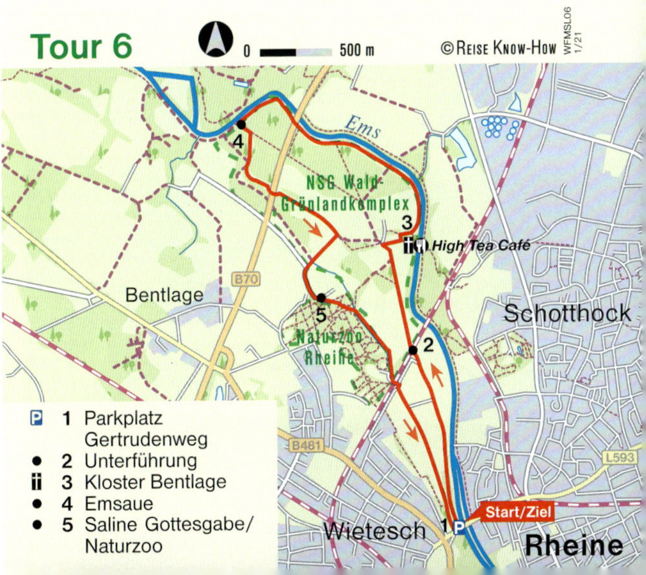

Wegbeschreibung

Startpunkt ist der **Parkplatz Gertrudenweg (1).** Von hier nimmt man den näher an der Ems liegenden Weg (E, T). Nach Passieren einer Sportanlage geht man durch eine **Unterführung (2)** unter der Bahnlinie durch. Über eine Allee wird nach einem knappen Kilometer das **Kloster Bentlage (3)** erreicht. Es geht links am Haupteingang vorbei bis zur Ems und dann dem Weg T folgend nach links. Man unterquert die Schnellstraße und geht auf dem Weg entlang der Ems weiter (E, T). Am anderen Flussufer ist nun eine Villa zu sehen. Der nächsten Linksabbiegung, markiert durch RH auf einem Pfosten in der **Emsaue (4)**, folgt man, bis man kurz danach in einen schmaleren Weg rechts abbiegt. An der kommenden Gabelung links haltend wird eine Unterführung passiert. Am dann querenden Radweg hält man sich rechts. Die Markierung ist hier F, A. Über eine kleine Brücke, die über einen Bach führt, geht es links vom Weg ab, dann aber parallel weiter. Links kommt die **Saline Gottesgabe/Naturzoo (5)** in Sicht. Am En-

001mu-rf

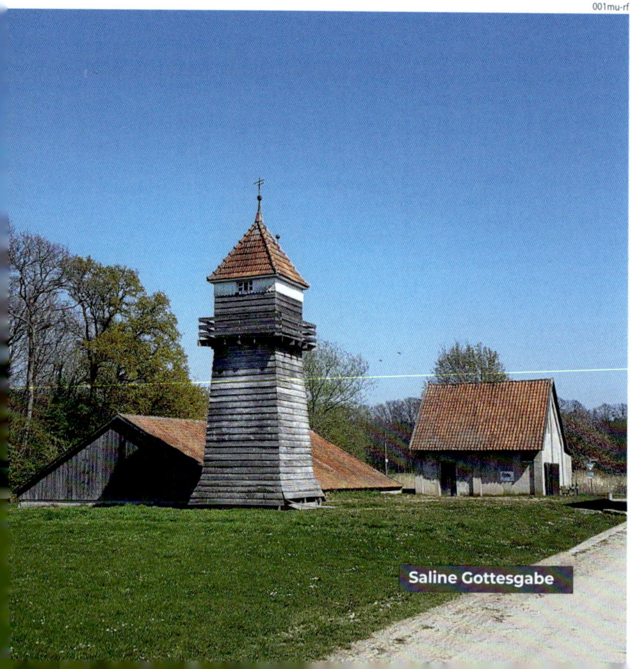

Saline Gottesgabe

de der Saline knickt der Weg nach rechts ab in den alleeartigen Gertrudenweg. Falls ein Zoobesuch mit Einkehr beabsichtigt ist, geht es nach rechts zum Naturzoo. Danach geht es über den Gertrudenweg zurück, der zum Ausgangspunkt führt.

Der Naturzoo Rheine

Der Naturzoo Rheine beherbergt eine mit etwa hundert Paaren sehr große **Storchenkolonie.** Das ist auch das erste, was Besuchern auffällt: die frei herumfliegenden Störche. Diese ziehen nämlich die Blicke schon auf sich, wenn man sich dem Zoo nähert. Sie segeln meist zu zweit durch die Lüfte, manchmal entdeckt man sie bei einer Wanderung auf den umliegenden Wiesen auf der Suche nach Nahrung für sich und ihre Jungen. Die Storchenkolonie ist eine Attraktion des Zoos.

Die Störche bleiben freiwillig im Zoogehege. Falls sie die kältere Jahreszeit in wärmeren Gefilden verbringen, kommen sie im Frühjahr in den Zoo zurück. Weitere Höhepunkte des Zoos sind die weltweit größte in einem Zoo lebende Kolonie von **Webervögeln** sowie der älteste **Affenwald** Deutschlands.

021mu-rf

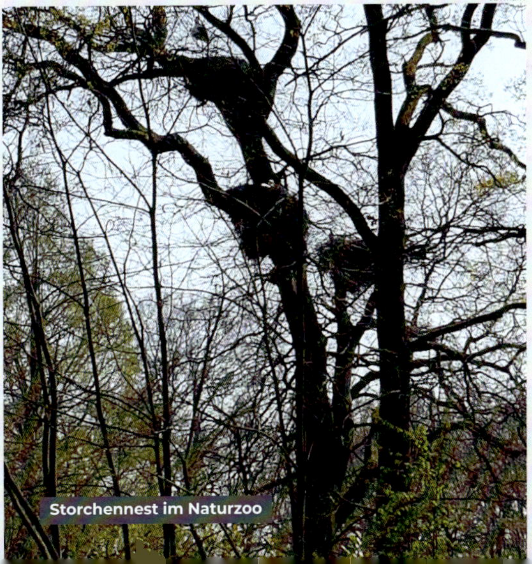

Storchennest im Naturzoo

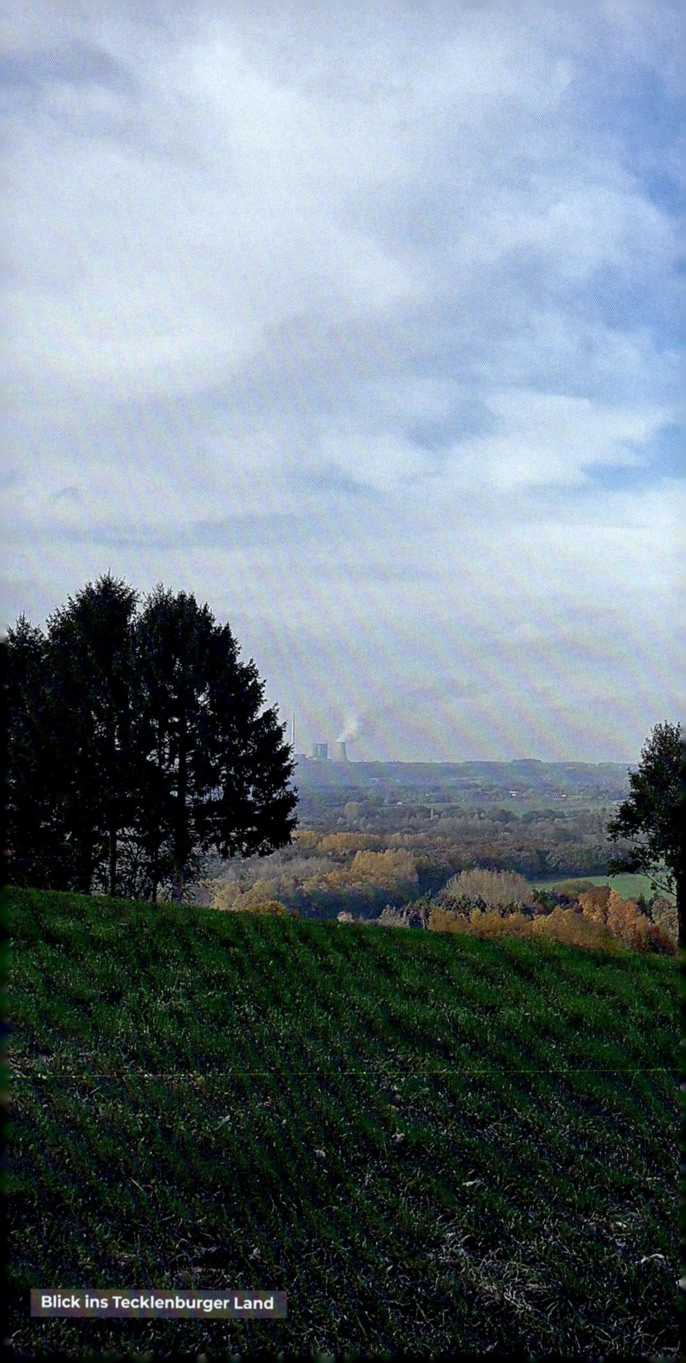

Blick ins Tecklenburger Land

TECKLENBURGER LAND

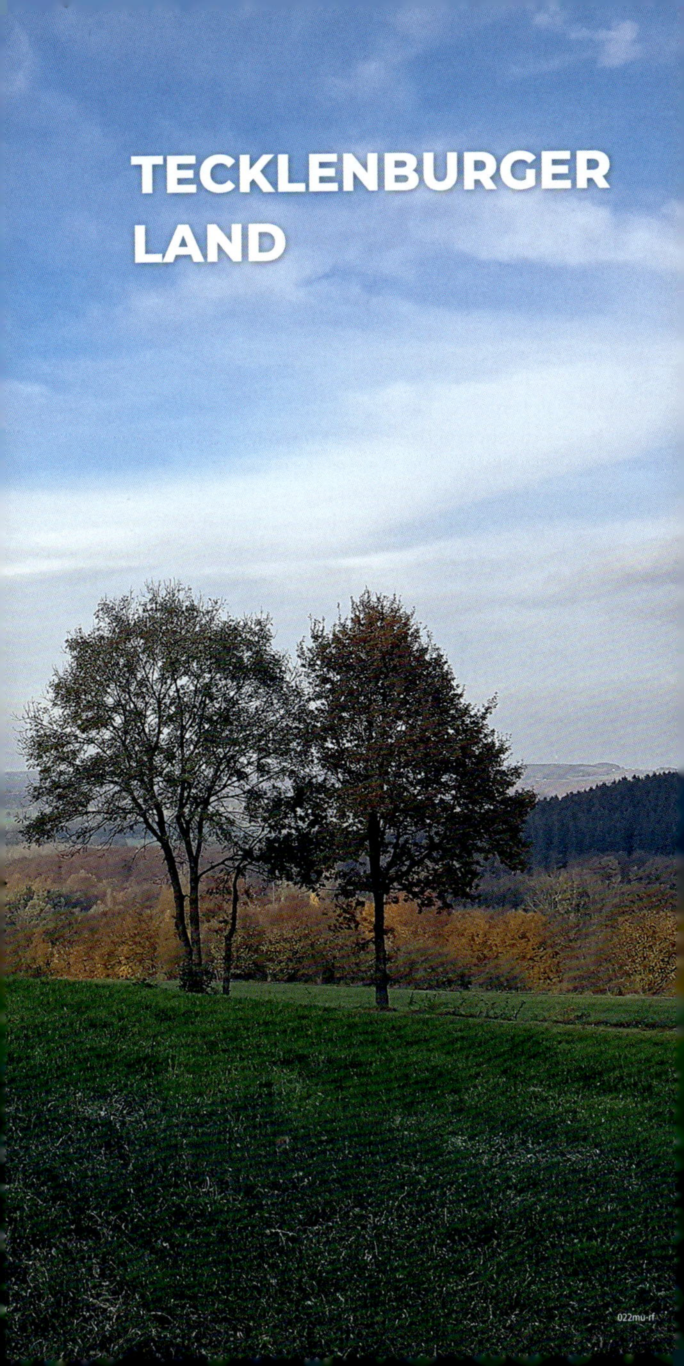

022mu-rf

Tour 7
Zu den Dörenther Klippen

Das knapp 60 Hektar große Gebiet der Dörenther Klippen, ein Höhenzug im Teutoburger Wald, ist durch das Vorkommen gefährdeter Moos- und Flechtenarten als Naturschutzgebiet ausgewiesen. Das Klettern in den Felsen ist verboten.

Diese beliebte Wanderung im Münsterland führt zu den bis zu 40 Meter hohen **Dörenther Klippen,** wo die Handlung der Sage vom Hockenden Weib angesiedelt ist. Wenn man den ansteigenden, durch Wald gesäumten Weg bis zu der bizarr und geheimnisvoll anmutenden Felsformation hinaufgeht, kann man im **Sandsteinfelsen** mit viel Fantasie die Figur einer sich hinkauernden Frau erahnen. Das malerische **Tecklenburg** markiert Start- und Endpunkt der Rundtour.

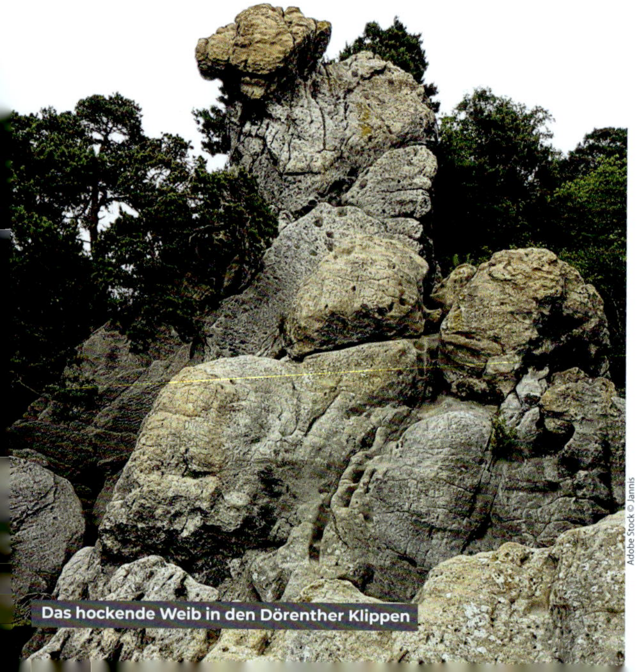

Das hockende Weib in den Dörenther Klippen

Kurze Informationsübersicht

Länge: 10,8 km
Gehzeit: 3,5 Std.
MITTELSCHWER

Ausgangsort: 49545 Tecklenburg (Brochterbeck)
Startpunkt: Brochterbeck, Wanderparkplatz Im Bocketal neben dem Ringhotel Teutoburger Wald, GPS N 52.22995, E 7.75327
Einkehrmöglichkeit: Almhütte, Dörenther Berg 60, 49470 Ibbenbüren, Tel. 05451/16203, Mi–So 11–18 Uhr, Mo/Di geschlossen. Schöner Biergarten mit beeindruckender Aussicht. Kaffee, Kuchen, kleinere Mahlzeiten.
Anfahrt: Über die A1, Ausfahrt Ladbergen, dann Richtung Tecklenburg bis Brochterbeck. Im Ort zweigt die Straße Im Bocketal rechts ab und führt zum Wanderparkplatz
ÖPNV: R45 bis Brochterbeck Bahnhof

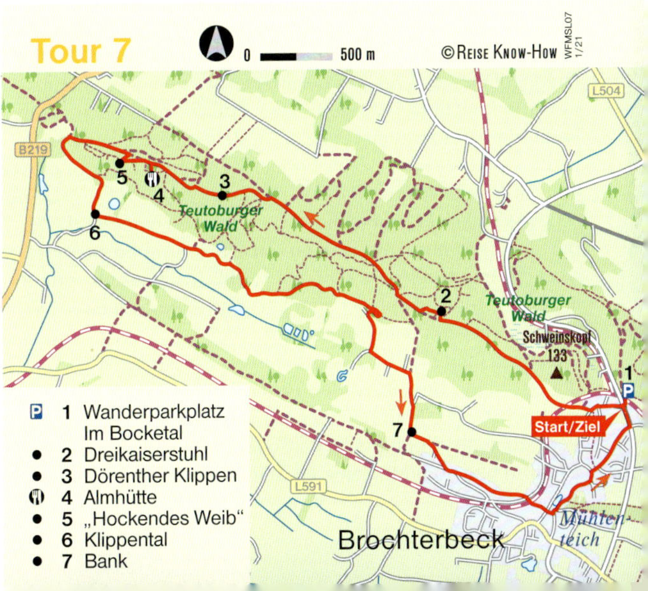

Wegbeschreibung

Man startet vom **Wanderparkplatz Im Bocketal (1),** überquert die Straße und folgt der Beschilderung „Hockendes Weib" und „Klippen" (A2). Hier sieht man auch die Markierung H (Hermannsweg). Bald wird der **Dreikaiserstuhl (2)** erreicht, ein Aussichtspunkt nach Norden und Süden. An einem Unterstand vorbeigehend nimmt man an der nächsten Gabelung den Weg links Richtung **Dörenther Klippen (3).** Dann erreicht man die **Almhütte (4)** mit Einkehrmöglichkeit und Biergartenatmosphäre. Kurz dahinter befinden sich die Dörenther Klippen mit der Felsformation **„Hockendes Weib" (5).** Ab hier geht der Weg leicht bergab bis zum Schwäbischen Gasthof Dörenther Klippen, an dem der Weg rechts vorbeiführt (H). Nun geht es weiter bergab und unterhalb der Klippen links weiter. Geradeaus sieht man vor sich durch die Bäume das „Hockende Weib", biegt rechts ab, bis man dann links in die Straße **Klippental (6)** wechselt. Dieser Weg ist auch bezeichnet mit Teutoschleifen Dörenther Klippen.

Nach knapp einem Kilometer geht man an einem Bauernhof vorbei, der sich auf der linken Seite befindet. Der Weg verläuft immer noch ohne große Höhenunterschiede unterhalb der Dörenther Klippen. Nach dem Bauernhof geht es zunächst auf gleicher Höhe weiter bis zu einem anderen Anwesen, das nach rund einem Kilometer rechts liegt. Man setzt den Weg nun etwas bergauf am Waldrand entlang fort und bleibt auf diesem Weg, bis der wieder aus dem Wald herausführt und leicht bergab geht. Hier erreicht man nach einer Rechts-Linkskurve zuerst ein einzeln stehendes Haus, das sich rechts befindet und, weiter bergab wandernd, ein größeres links stehendes Anwesen (A2).

Der Weg knickt jetzt rechts ab und führt zu einer **Bank (7),** die sich sehr attraktiv gelegen auf einer Anhöhe befindet. Man hat hier einen sehr schönen Ausblick auf das vor einem liegende Münsterland, der zum Verweilen und Genießen einlädt, wenn es die Witterung zulässt.

Danach folgt man links dem Feldweg, der zunächst ebenerdig und dann bergab zu den ersten Häusern von Brochterbeck führt (A2). Man befindet sich auf dem Kleeweg, der in den Mühlenbach übergeht und über die Bahnlinie ins Ortszentrum und zum Mühlenteich führt. Vom Mühlenteich geht man schließlich auf der Dorfstraße quer durch Brochterbeck ortsauswärts bis zur querenden Straße Im Bocketal, überquert diese nach links und erreicht wieder das Ringhotel Teutoburger Wald, den Ausgangspunkt.

Das hockende Weib in den Dörenther Klippen

In früheren Tagen, so erzählt die Sage, strömten die Fluten des Meeres oft tief ins Land bis an die Berge. Nicht selten waren die **Überschwemmungen** so gewaltig, dass ganze Dörfer von den Fluten mitgerissen wurden und sich viele Menschen nur in letzter Sekunde noch in Sicherheit bringen konnten. Doch vielen gelang es nicht. In einer Hütte am Fuße der **Dörenther Klippen** wohnte eine Frau mit ihren zwei Kindern. Eine Tages bemerkte sie, dass der Boden leicht vibrierte, die Vögel aufgeregt umherflatterten und die Tiere aus dem Wald panisch die **Flucht** ergriffen. Ihr war klar, dass dies nur eins bedeuten konnte: Die Flut nahte. Schnell nahm sie ihre Kinder auf den Arm und trug sie auf den Berg. Entsetzt sah sie, wie das Wasser weiter stieg, und immer hastiger setzte sie ihren Weg fort. Als sie die Höhen der Dörenther Klippen erreicht hatte, blickte sie auf die furchtbare Überschwemmung, die sich allüberall ausbreitete und noch weiter anstieg. Als ihr das Wasser bis an die Füße reichte, hockte sie sich hin und befahl den Kindern, auf ihre Schultern zu steigen, und begann zu beten. Längst umspülte sie das Meer, doch die unerschrockene Frau betete weiter und verharrte in der Stellung, in der sie sich niedergehockt hatte. Als das Wasser langsam abzog und sie sicher sein konnte, dass den Kindern kein Leid mehr geschehen konnte, wollte sie mit ihnen den Berg verlassen. Doch als sie sich aufrichten wollte, war sie zu einem **Felsblock** geworden, der aus den Fluten ragte und die geretteten Kinder trug. Und noch heute stehen die Menschen ehrfürchtig vor der steingewordenen mutigen Frau, die das Leben ihrer Kinder mit dem eigenen bezahlte.

Quelle: *Monika Detering:* Sagen und Legenden aus Westfalen. Regionalia Verlag 2020.

Tour 8
Von Brochterbeck nach Tecklenburg

Die Stadt Tecklenburg ist mit ihrem malerischen Ortskern, ihrer Burg und den sagenumwobenen Plätzen, wie zum Beispiel der Hexenküche und dem Rolandsgrab, besonderes Highlight der Strecke.

Die nachfolgende Tour beschreibt einen der attraktivsten Teile des **Teutoburger Waldes.** Sie verläuft teilweise auf dem **Hermannsweg,** der zu den schönsten Höhenwanderwegen Deutschlands gehört. Die Wanderung verläuft zunächst über den Kamm nach Tecklenburg und geht dann unterhalb der Anhöhe entlang zurück nach Brochterbeck.

025mu-rf

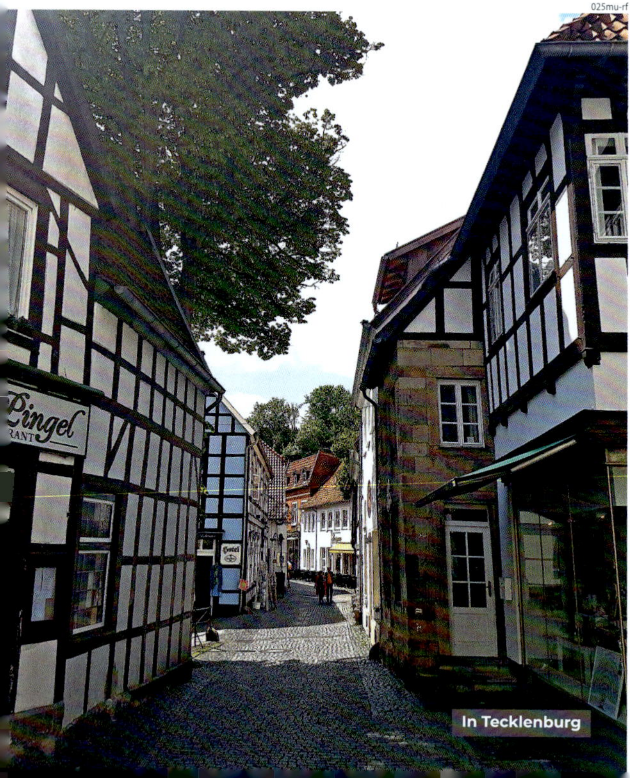

In Tecklenburg

Kurze Informationsübersicht

Länge: 11,2 km
Gehzeit: 3 Std.
MITTELSCHWER

Ausgangsort: 49545 Tecklenburg (Brochterbeck)
Startpunkt: Brochterbeck, Wanderparkplatz Im Bocketal neben dem Ringhotel Teutoburger Wald, GPS N 52.23002, E 7.75322
Einkehrmöglichkeit: Café im Ringhotel Teutoburger Wald, Im Bocketal 2, 49545 Tecklenburg-Brochterbeck, Tel. 05455/ 93000, www.rhtw.de, kein Ruhetag. Gutbürgerliche und regionale Küche.
Anfahrt: Über die A1, Ausfahrt Ladbergen Richtung Tecklenburg bis Brochterbeck. In Brochterbeck zweigt die Straße „Im Bocketal" ab, die zum Hotel führt.
ÖPNV: R45 bis Brochterbeck, Bahnhof

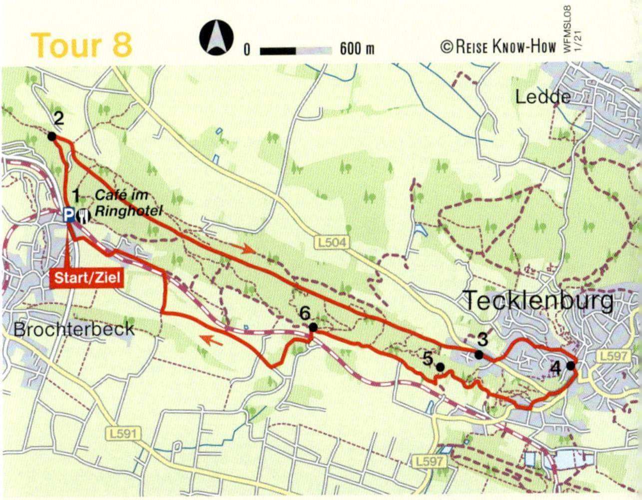

- 1 Wanderparkplatz Im Bocketal
- 2 Blücherfelsen
- 3 Bismarckturm
- 4 Markt
- 5 Rolandsgrab
- 6 Zugang Varusfelsen

Wegbeschreibung

Vom **Wanderparkplatz Im Bocketal (1)** neben dem Ringhotel Teutoburger Wald überquert man die Bahnlinie und geht auf dem X bergauf auf einem Hohlweg. Oben gabelt sich der Weg und man sieht auf der linken Seite den **Blücherfelsen (2).** Dem Hermannsweg (H) rechts weiter folgend erreicht man eine Waldkapelle. Man bleibt auf dem Hermannsweg, passiert dabei einen Unterstand und geht weiter, bis man Tecklenburg erreicht, wo man gleich auf den 18 Meter hohen **Bismarckturm (3)** trifft. Hinter dem Bismarckturm zweigt links die Brochterbecker Straße ab, die ins Stadtzentrum führt.

Der Luft- und Kneippkurort Tecklenburg hat viel zu bieten und fasziniert durch einen wunderschönen Blick über die grünen Wiesen, naturbelassenen Auen und großen Wälder des Naturparks Teutoburger Wald bis weit ins Münsterland.

Zentraler Punkt und besonders attraktiv ist der **Markt (4).** Vom Markt geht man auf dem X in Richtung Hexenpfad. Dabei kommt man an der Hexenküche und am **Rolandsgrab (5)** (Originalname: Roelants Grab) vorbei, vermutlich eine alte Grabkammer, die in den Sandstein geschlagen wurde.

Auf dem X geht man weiter in Richtung **Varusfelsen (6)** und biegt dann, auf dem X bleibend, links ab. Dabei überquert man die Bahnlinie der Teutoburger Waldeisenbahn.

Den Rest der Tour bleibt man auf asphaltiertem Weg (X, A4), bis wieder Brochterbeck und das Ringhotel Teutoburger Wald erreicht wird.

088mu-rf

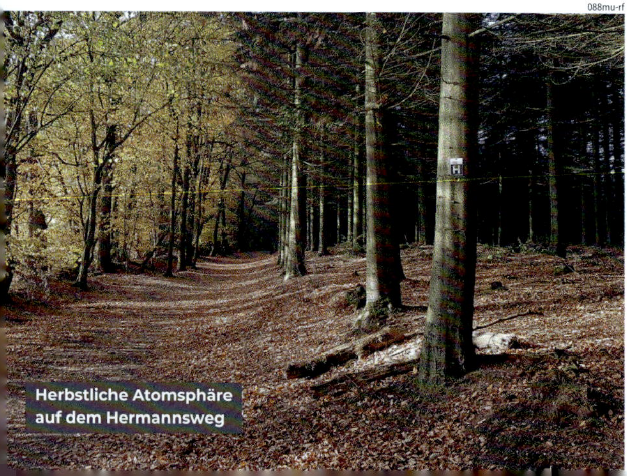

Herbstliche Atomsphäre auf dem Hermannsweg

Der Bismarckturm

Der Bismarckturm, ein Bismarckdenkmal in Turmbauweise, besteht in seiner jetzigen Form **seit 1909.** Viele, oft private Initiativen hatten ab der Reichsgründung das Ziel, mit dem Bau von Bismarcktürmen ihre **Verehrung** des ehemaligen **Reichskanzlers** zu zeigen. Nach dessen Tod 1898 verstärkte sich dieses Phänomen noch und damit ab 1890 die Planung der Türme.

In Deutschland sind noch 146 von ehemals 184 Türmen erhalten. An dem Platz, wo heute der Bismarckturm steht, stand **1851** eine **Windmühle,** die jedoch nach Blitzschlägen fast vollständig ausbrannte. Der Bismarckverein erwarb die Reste der Mühle und errichtete das heutige Denkmal. Es ist gut sichtbar und dient Ortsunkundigen als Orientierungspunkt. Wer den Turm besteigt, kann einen herrlichen Ausblick sowohl über das Münsterland als auch über den östlich anschließenden Teutoburger Wald genießen.

026mu-rf

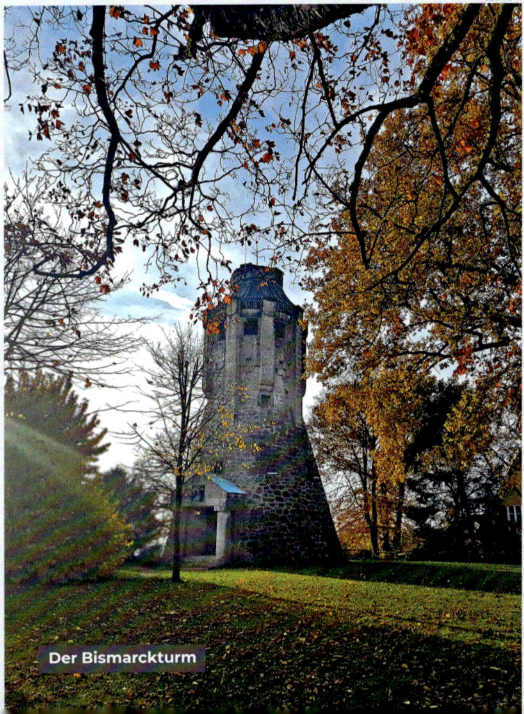

Der Bismarckturm

Die Hexenküche

Rainer Budke ist Wegepate für die Tecklenburger Teutoschleifen, hat den Wanderweg „Tecklenburger Hexenpfad" entwickelt und wie folgt beschrieben:

„Dieser mächtige Felsen hat mehrere Namen. Die einen sagen **Teufelsklippen,** die anderen Hexenküche. Seltsame Namen für einen großen Felsbrocken, werdet Ihr denken.

Ich erkläre Euch, wie es dazu kam. Nicht alle Tecklenburger hörten damals auf den weisen Dr. Wier [Dr. Jan Wier, auch Johann Weyer, geb. 1515 in Grave/NL, 1588 in Tecklenburg gestorben, engagierte sich als Arzt u.a. in medizinischen Schriften vor Ort für die Bekämpfung der Hexenverfolgung. Anm. der Red.]. Sie glaubten fest an **Hexen, Teufel und Gespenster.** Die abenteuerlichsten Geschichten erzählte man sich in vergangener Zeit über diesen Felsen. Hexen und Zauberer sollen sich nachts in der Felsenhöhle, die übrigens heute noch zu sehen ist, getroffen haben. Zur Mitternachtsstunde kamen sie auf Besenstielen aus der Umgebung herangeflogen, so wurde berichtet.

In dieser **Höhle,** der sogenannten **Hexenküche,** mischten die, die sich dort versammelt hatten, einen Zaubertrunk. Hexen, Teufel und Gespenster feierten, tanzten ausgelassen und genossen das Zaubermittel. Wehe dem Menschen, der es wagte, diesem tollen Treiben zuzusehen. Durch schmerzhafte Krankheit und einen schnellen Tod sollte der ungebetene Zuschauer bestraft werden. Zweifelsfrei eine Sage, ein Märchen! Oder eine Geschichte mit einem wahren Kern? Geht den **schmalen Treppenweg** hinunter, macht Euch selbst ein Bild!

Die Höhle habt Ihr gefunden. Würde dort ein Feuer angezündet, könnte der Rauch durch die Höhlenöffnung nach oben abziehen. „Eine Küche" mit Abzug. In einer Zeit ohne Radio, Fernsehen, elektrischen Strom, ohne Auto und Flugzeug saßen die Menschen an langen Winterabenden bei Kerzenschein am wärmenden Herdfeuer. Interessant war es sicherlich für Kinder, wenn spannende Geschichten erzählt wurden. Hört die folgende Geschichte, die damals in dieser Gegend den Kindern häufig vorgetragen wurde:

Eines Nachts hatte sich am Felsen der Hexenküche eine recht ausgelassene, wilde Gesellschaft getroffen. Der gerade dort vorbeikommende Graf hörte den höllischen Lärm. Er war wie gebannt. Vom Kirchturm schlug es zwölf zur Mitternachtsstunde. Ihn hielt nichts mehr zurück. Er musste einen einzigen Blick über die Felsenklippen riskieren. Seine Neugierde wurde ihm zum Verhängnis. Es sank von dem Jolen und Kreischen der Hexen wie betäubt nieder.

Am Morgen fanden ihn seine Diener am Felsen. Vorsichtig trugen sie den fest schlafenden Grafen zur Burg. Das Wehklagen war groß. Alle hielten den Grafen für tot, nur seine liebe Frau nicht. In der nächsten Nacht kleidete sie sich in ein weißes langes Gewand, nahm ein Kruzifix in die Hand und ging recht mutig zur mitternächtlichen Stunde betend aus dem Burgtor, dem Felsen entgegen. Dort angekommen, erdröhnte ein gewaltiger Donner. Ein Felsen zersprang und aus dem Spalt stieg hohnlachend der Teufel empor. Er streckte seine rußgeschwärzten Krallenfinger gierig nach der Gräfin aus. Die tapfere Frau wich nicht zurück. Sie betete laut und hielt dem Teufel das Kreuz vor seine hasssprühenden Augen. Wutentbrannt zuckte er beim Anblick des Kreuzes zusammen. Mit seiner Faust schlug er, und mit seinem Pferdefuß stampfte er zornig auf den Felsen. Der Teufel hinterließ dort bleibende Abdrücke. Heulend stürzte er sich vom Felsen in die Tiefe und damit in den Tod. Unter dem Eindruck dieses unglaublichen Geschehens trat die Gräfin rasch den Heimweg an. Schon die Torwache brachte die frohe, gute Nachricht. Der Graf lebt, er ist wieder aufgewacht. Der böse Zauber war somit für immer vorbei.

Schaut Euch die **Teufelsabdrücke** oben auf dem Felsen an. Aber bitte klettert vorsichtig, wenn der Felsen nass ist. Ob der nach Pech und Schwefel riechende Teufel beim Anblick des Kreuzes dort wirklich abgesprungen ist, kann niemand genau belegen, es ist nur eine Sage."

Quelle: *Rainer Budke* in: „Tecklenburger Hexenpfad", Broschüre herausgegeben von der Tecklenburg Touristik GmbH

031mu-rf

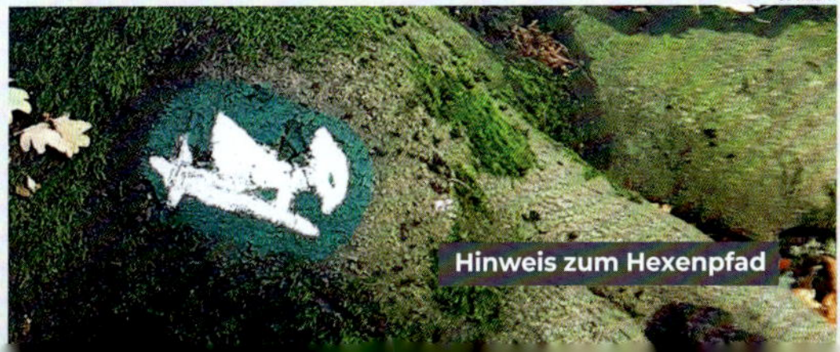

Hinweis zum Hexenpfad

Tecklenburger Land

Tour 9
Rund um den Steinbruch in Lengerich

Der Kalksteinbruch der Firma Dyckerhoff nördlich von Lengerich zählt zu den größten Norddeutschlands. Im Zuge der Renaturierung von Teilen des Abbaugebiets entstand in den letzten Jahren ein beeindruckendes Naturbiotop, das man auf einem extra angelegten Rundweg erleben kann, der Teile dieser Wanderung beinhaltet.

Die Tour beginnt in Lengerich und führt hoch zum **Intruper Berg,** der erste schöne Ausblicke über den Steinbruch und die münsterländische Region bietet. Nach einem Gang über die Höhen des hier befindlichen Teiles des Teutoburger Waldes geht es in einem Bogen bergab, und, begleitet von der Markierung des **Dyckerhoff-Rundwegs,** zum Haupteingang der Firmenverwaltung und schließlich zurück nach Lengerich.

032mu-rf

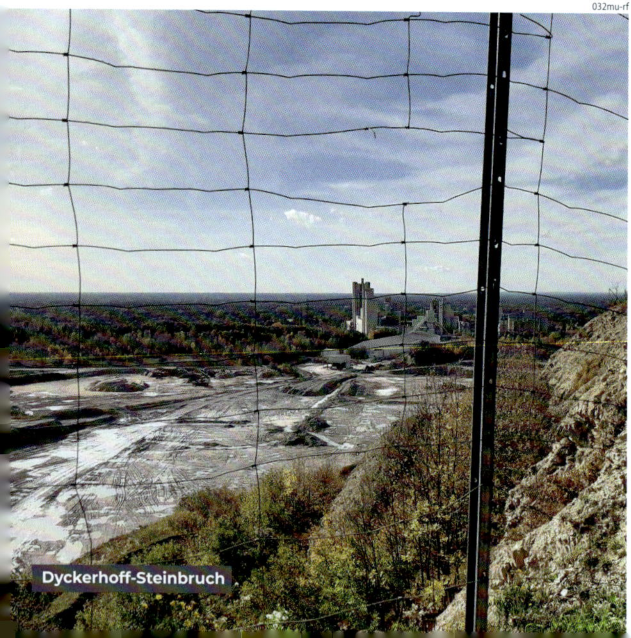

Dyckerhoff-Steinbruch

Kurze Informationsübersicht

Länge: 11 km
Gehzeit: 3 Std.
MITTELSCHWER

Ausgangsort: 49525 Lengerich
Startpunkt: Bahnhof Lengerich, GPS N 52.17632, E 7.87645
Einkehrmöglichkeit: Steakhouse Argentina, Lienener Straße 45, 49525 Lengerich, Tel. 05481/38405, tägl. ab 17 Uhr geöffnet. Steaks, Grillgerichte, Salate.
Anfahrt: Über die A1, Ausfahrt Lengerich, dann rechts nach Lengerich abbiegen, in Lengerich rechts abbiegen in die Bogenstraße, dann dem Hinweis zum Bahnhof folgen
ÖNPV: Lengerich erreicht man über die RB 66 (Teuto-Bahn) oder mit dem Bus R45

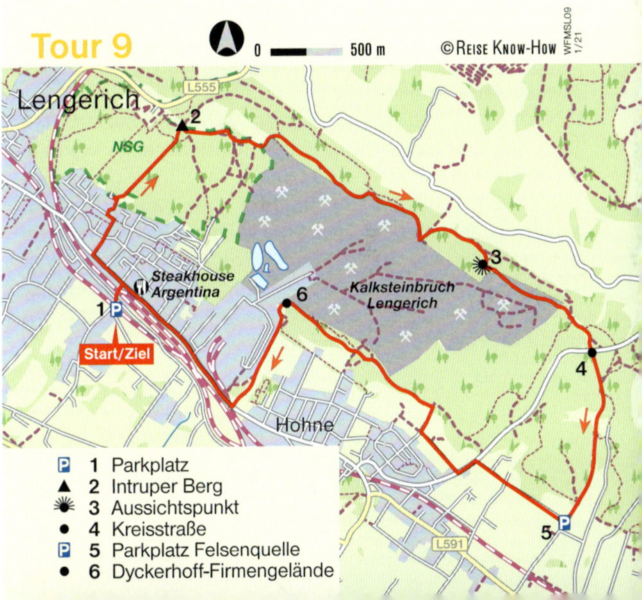

Wegbeschreibung

Man geht vom **Parkplatz (1)** unter der Bahnlinie durch und links an der Lienener Straße entlang bis zur Abbiegung der Straße in eine Sackgasse, die mit den Hausnummern 13 und 13a bezeichnet ist. Man folgt der Sackgasse bis zu ihrem Ende und biegt dann links ab auf einen Fußgänger- und Radweg. Anschließend biegt man sofort rechts ab, passiert einen Parkplatz und geht dann weiter an einem Schuppen vorbei in Richtung Wald. Nun wird der Weg schmaler und geht bergauf. Oben gabelt sich der Weg und man befindet sich am **Intruper Berg (2).**

Jetzt folgt man rechts dem Hermannsweg (H) und geht an einem Zaun entlang, einer Abgrenzung zum Dyckerhoff-Gelände. Man überquert eine Freifläche und setzt den Weg bergauf fort. Dieser Abschnitt ist wegen Geröll nicht leicht begehbar. Am Ende des Anstiegs folgt man rechts wieder dem Zaun und kommt an einen **Aussichtspunkt (3)** mit schönem Ausblick über Steinbruch und Münsterland. Die Tour wird fortgesetzt (U, X). Die nächste Steigung kann über Treppenstufen überwunden werden. Der Weg führt dann leicht bergab (X, H) und überquert die **Kreisstraße (4).** Ab der Straße ist der Weg zum Teil etwas schwer erkennbar mit X markiert. Die Route führt nun durch eine Art Hohlweg mit verschiedenen örtlichen Markierungen. Dann erreicht man den Waldrand mit anschließendem **Parkplatz (5)** und einer Informationstafel zur Felsenquelle.

Nach dem Parkplatz geht es rechts weiter und bald erreicht man die Sudenfelder Straße, der man links folgt, bis man rechts in die Mozartstraße einbiegt. Auf ihr wechselt man dann nach rechts in Richtung Wald. Kurz darauf quert ein Waldweg, dem man links folgt. Man befindet sich nun wieder auf dem Dyckerhoff-Rundwanderweg, dem man bis zum **Dyckerhoff-Firmengelände (6)** folgt. Davor biegt man links ab und erreicht bergab gehend die Lienener Straße, über die man rechts zum Bahnhof und zum Ausgangspunkt kommt.

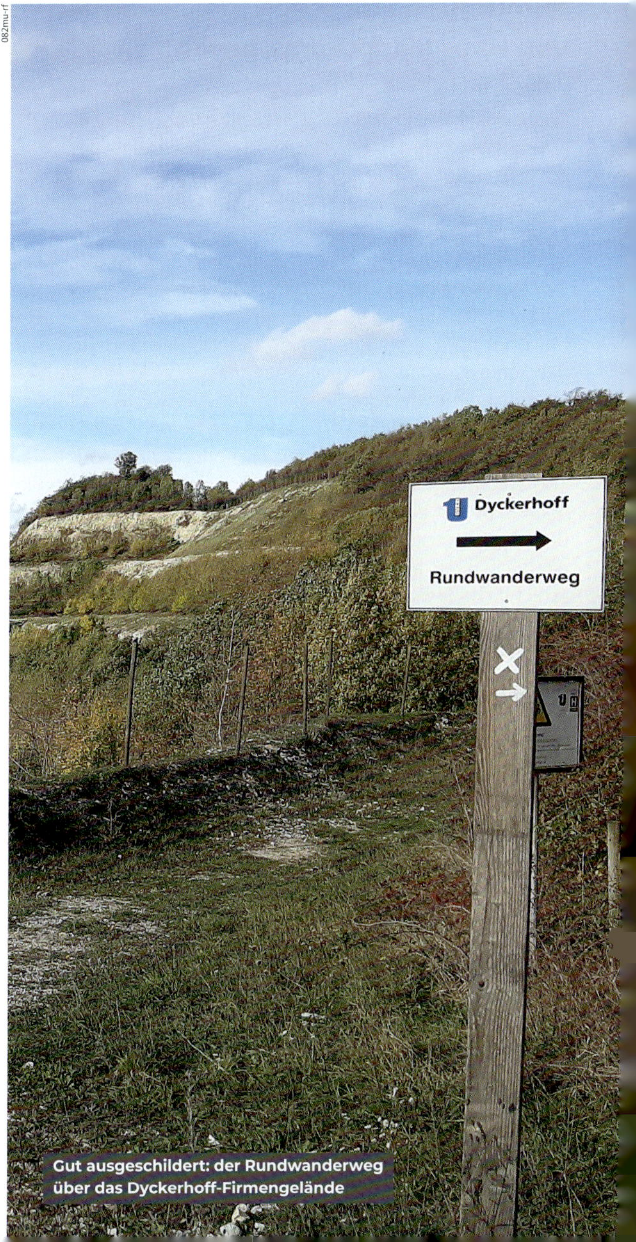

082mu-rf

Gut ausgeschildert: der Rundwanderweg über das Dyckerhoff-Firmengelände

Tour 10

Von Haus Marck zum Canyon

Die Strecke führt rund um den türkisblauen Canyon, auf den man vom nahegelegenen Kleeberg eine schöne Aussicht genießen kann. Start- und Endpunkt der Tour ist das Haus Marck, der historische Höhepunkt der Strecke.

Das **Wasserschloss** Haus Marck südlich von Tecklenburg gehört seit 200 Jahren der Familie *von Diepenbroick,* die es auch bewohnt und verwaltet. Anfang der 1990er-Jahre ließ man das Schloss so aus- und umbauen, dass dort **kulturelle Veranstaltungen** wie zum Beispiel Schlosskonzerte stattfinden können. Das **Standesamt Tecklenburg** betreibt seit 2000 eine Außenstelle im Haus Marck, so finden dort heute bis zu 100 Trauungen im Jahr statt. **Führungen** durch das alte Gemäuer können gebucht werden und sind gut besucht. Besonders faszinierend für historisch interessierte Besucher dürfte ein Blick in das hauseigene **Archiv** sein, in dem seit 1320 geschichtliche Ereignisse dokumentiert werden. So ist dort zum Beispiel belegt, dass 1643 die Vorverhandlungen für den Westfälischen Frieden im Haus Marck durchgeführt wurden.

083mu-rf

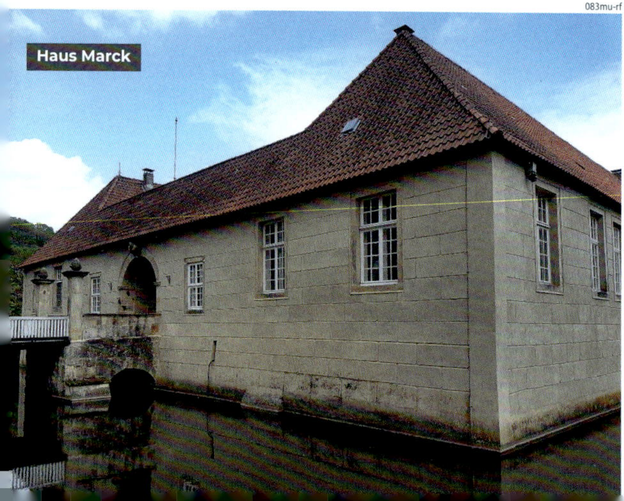

Haus Marck

Kurze Informationsübersicht

Länge: 9,1 km
Gehzeit: 2,5 Std.
MITTELSCHWER

Ausgangsort 49545 Tecklenburg
Startpunkt: Tecklenburg, Parkplatz Haus Marck, GPS N 52.21447, E 7.80678
Einkehrmöglichkeit: In der Nähe von Haus Marck liegt das Restaurant Fabula, Bahnhofstraße 41, 49545 Tecklenburg, Tel. 05482/7798, www.fabula-te.de, geöffnet Mo–Sa 17–23 Uhr, So 1–22 Uhr. In einer charmanten Jugendstilvilla werden Salate, Snacks und kleinere Gerichte serviert.
Anfahrt: Über A1, Ausfahrt Lengerich, dann links Richtung Ibbenbüren, am Ortseingang der Beschilderung zum Haus Marck folgen
ÖPNV: R45 bis Tecklenburg, Bahnhof

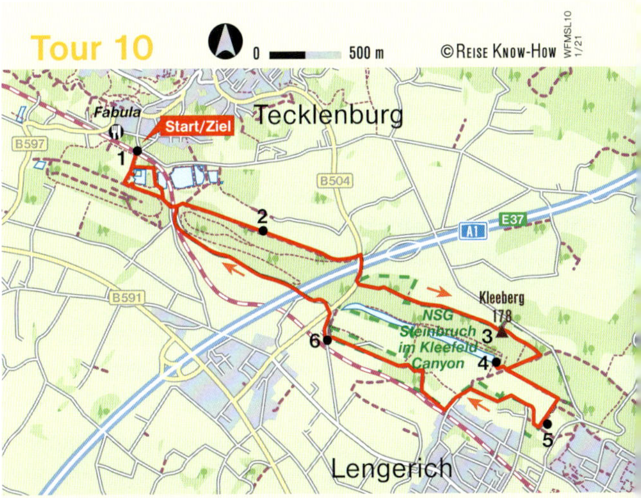

- 1 Haus Marck
- 2 Strubberg
- ▲ 3 Kleeberg
- 4 Canyon
- 5 ALVA-Skulpturenpark
- 6 Sundermanns Knapp

Wegbeschreibung

Vom Parkplatz geht es durch die Platanenallee Richtung **Haus Marck (1).** Dann folgt man links zunächst dem A4 und dann dem Wegweiser Richtung Lengericher Berg (Wegzeichen: Weißes T auf schwarzem Grund).

Man überquert die Bahnlinie und folgt nun dem Hermannsweg (H). Dieser führt zunächst am **Strubberg (2)** vorbei. Dann erreicht man die Landstraße und folgt dieser ein kleines Stück nach rechts, bis der Hermannsweg nach links abzweigt. Der Weg geht nun etwas bergauf und oben die Anhöhe entlang, bis der **Kleeberg (3)** erreicht wird. Hier oben hat man einen schönen Blick über den rechts liegenden Canyon, einen ehemaligen Steinbruch, dessen Betrieb 1977 eingestellt wurde. Über die Jahre bildete sich dort ein See. Ab 1989 wurde das Gebiet als Naturschutzgebiet ausgewiesen, um seltene Tiere und Pflanzen zu schützen.

Die Wanderroute führt nun etwas bergab und geht nach einem Rechtsknick bis zum Aussichtspunkt **Canyon (4).** Nach Verlassen des Aussichtspunktes geht es wieder ein kleines Stück bergauf und dann auf dem Teutoschleifchen Canyon Tour bis zum **ALVA-Skulpturenpark (5).** Dieser entstand 2001 im Rahmen der Skulptur-Biennale Münsterland durch eine Projektgruppe des Stadtmarketingvereins Lengerich und soll ständig erweitert werden. Gezeigt werden Skulpturen oder natürliche Einrichtungen, die eine Verbindung zwischen Mensch und Natur darstellen.

Man geht vom Skulpturenpark auf dem Teutoschleifchen am Rand des Wäldchens entlang und um das Gelände der Klinik Lengerich herum bis zur Bahnlinie und dort rechts (3,4). Auf der gleichen Markierung kommt man hier in die Straße **Sundermanns Knapp (6)** und schließlich an die Tecklenburger Straße, die man überqueren muss.

Nach unterqueren der Autobahn geht es geradeaus in den Wald (X, 4) und über den Strubberg. Am Ende dieses Waldstücks sieht man wieder die Bahnlinie, der man nach rechts folgt und die man schließlich überquert. Auf diesem Weg kommt man zurück zum Ausgangspunkt am Haus Marck.

Adobe Stock © Arkadijschell

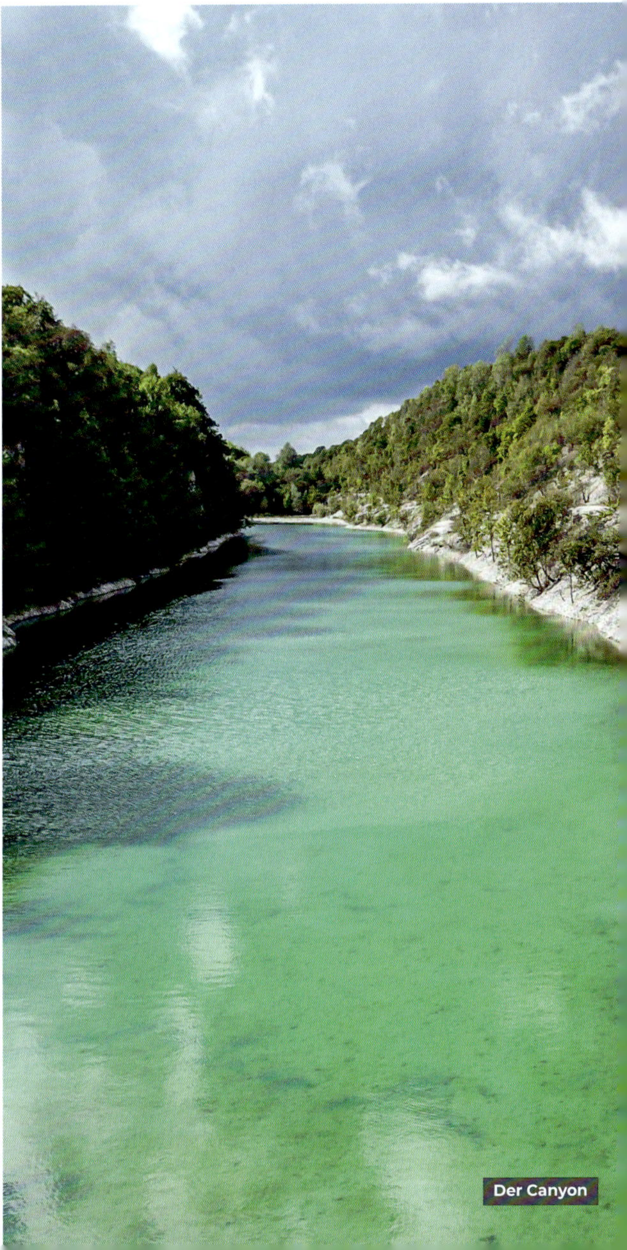

Der Canyon

Tour 11
Zum Kattenvenner Moor

Die Strecke führt durch die Moorlandschaft des Kattenvenner Moors. Start- und Endpunkt ist der Bahnhof in Kattenvenne. Den hungrigen Wanderer lädt die urige Gaststätte Moorschänke unterwegs zum Verweilen ein.

Die Herkunft des Namens **„Kattenvenne"** wurde in der Vergangenheit immer wieder wissenschaftlich untersucht, so auch von *Christof Spannhoff.* Der Historiker erforscht das alltägliche Leben der Region und seine kulturellen Ausdrucksformen. *Spannhoff* fand heraus, dass der heutige Siedlungsname Kattenvenne auf die Bestandteile **katta = Katze** (Singular, altsächsisch), katte (Plural, mittelniederdeutsch) und **venn = Sumpf, Moor** (mittelniederdeutsch) zurückgeht. Im wörtlichen Sinn ist also die Rede von einem **Katzenmoor** bzw. -sumpf, in dem eine Pflanze, als *katte* bezeichnet, stark verbreitet war. So werden z.B. **Wollgräser,** ebenfalls Moorpflanzen, im Osnabrücker Land in einigen Orten Vennkatten genannt.

034mu-rf

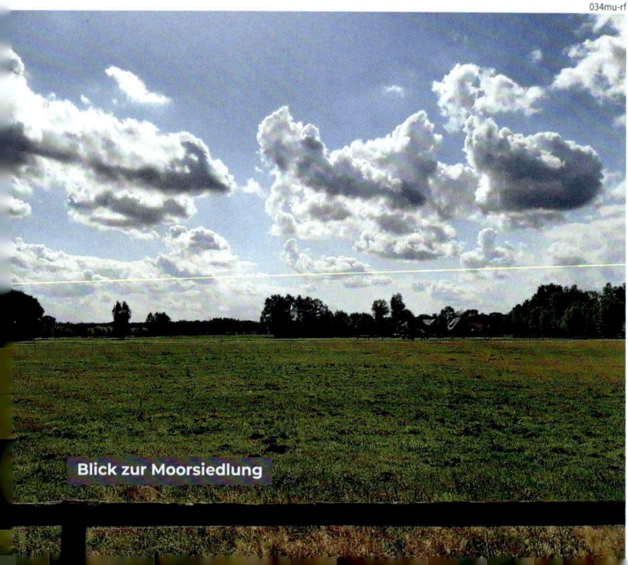

Blick zur Moorsiedlung

Kurze Informationsübersicht

Länge: 10,1 km
Gehzeit: 2,5 Std.
LEICHT

Ausgangsort: 49536 Lienen (Kattenvenne)
Startpunkt: Kattenvenne, Bahnhof, GPS N 52.11298, E 7.86037
Einkehrmöglichkeit: Gaststätte Moorschänke, Moorstraße 33, 49549 Ladbergen, Tel. 05484/97120, www.moorschaenke.de, Mo/Di Ruhetag, Mi–Fr ab 15 Uhr, Sa/So ab 11 Uhr. Gutbürgerliche Küche.
Anfahrt: Über A1, Ausfahrt Ladbergen, dann nach rechts Richtung Ladbergen, ab Kreisverkehr Richtung Kattenvenne, Ausfahrt Kattenvenne Ost Richtung Kattenvenne, von dort zum Bahnhof, dort parken
ÖPNV: RB 66 (Teutobahn) bis Bahnhof Kattenvenne

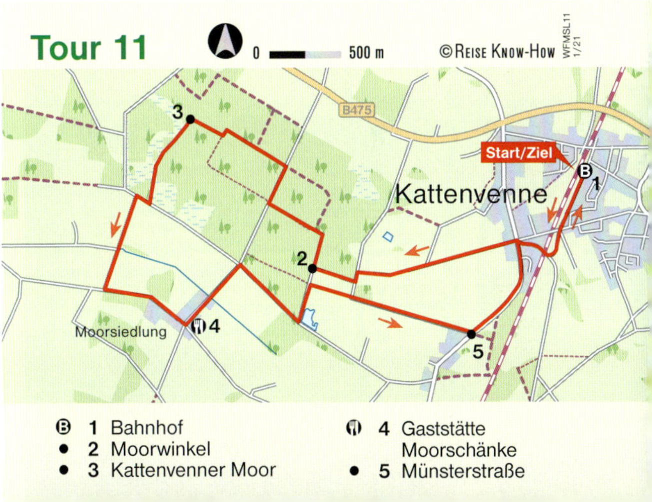

Wegbeschreibung

Es geht vom **Bahnhof (1)** über die Bahnhofstraße bis zum Bahnübergang, dahinter geradeaus weiter in die Straße Langer Weg. Am Waldrand geht es zunächst links und dann sofort rechts in den **Moorwinkel (2).** An der hölzernen Schranke geht man rechts vorbei in den Wald. Der Weg, eigentlich ein Reitweg, macht einen Knick nach links, um bei der nächsten Kreuzung rechts weiterzuführen. An der folgenden Wegkreuzung biegt man links ab und erreicht auf diesem Weg nach einem weiteren Links-Rechts-Knick das **Kattenvenner Moor (3).** Man hält sich links und bleibt auf dem Weg bis zum querenden Wirtschaftsweg, der mit X markiert ist. Nun geht es ein kleines Stück nach rechts, dann wieder links in die Straße Am Forsthaus. Dieser folgt man, bis die Straße Torfdamm quert. Hier biegt man links ab und erreicht an der nächsten Kreuzung die **Gaststätte Moorschänke (4).** Man folgt nun der Moorstraße bis zur nächsten Kreuzung mit Bushaltestelle. Hier geht es rechts weiter (X). Bei der nächsten Abbiegung mit Haltestelle geht es wiederum links weiter. Die folgende Möglichkeit biegt man wieder rechts ab und geht diesen Weg (X) bis zur **Münsterstraße (5).** Der Münsterstraße folgt man nach links bis zur Kreuzung. Hier geht es dann rechts über den Bahndamm und zurück zum Ausgangspunkt.

035mu-rf

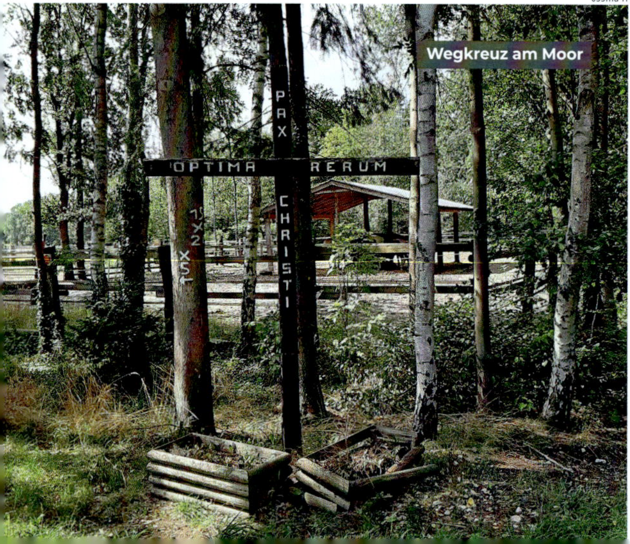

Wegkreuz am Moor

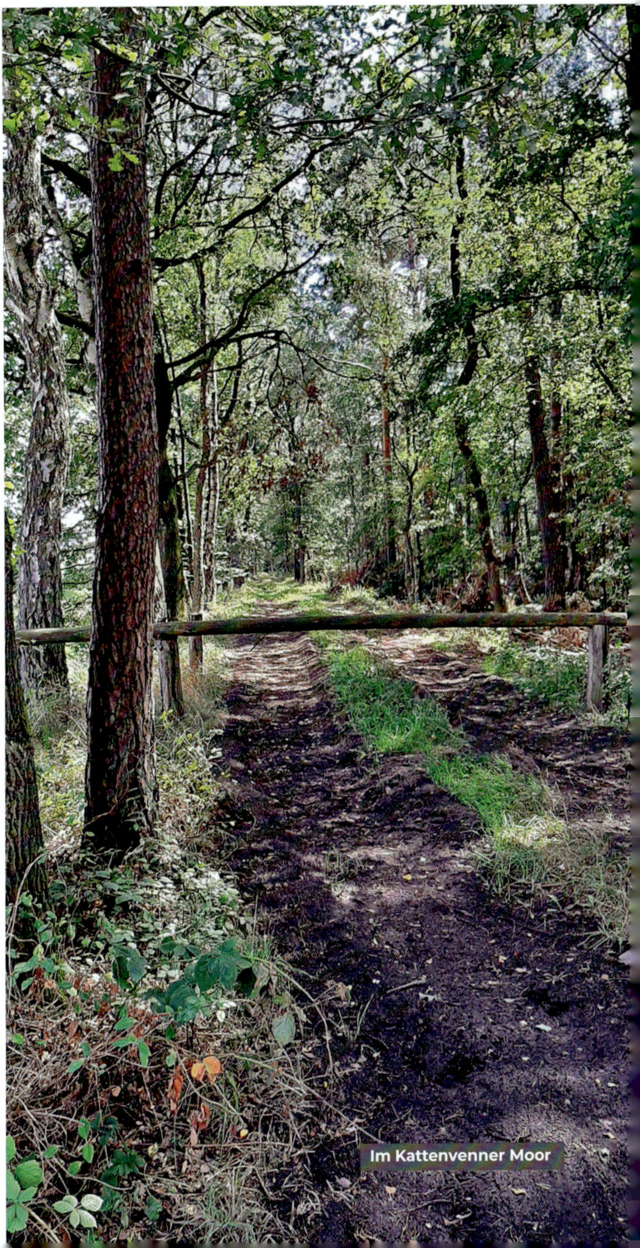

Im Kattenvenner Moor

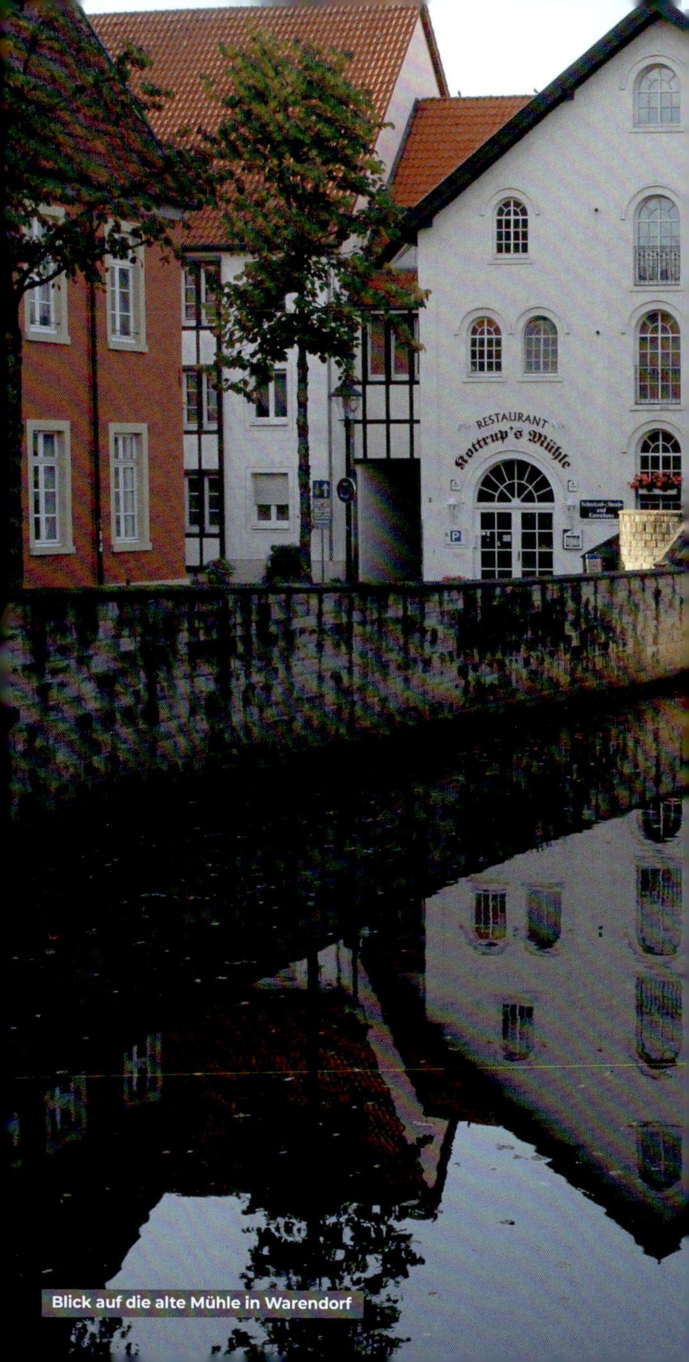

Blick auf die alte Mühle in Warendorf

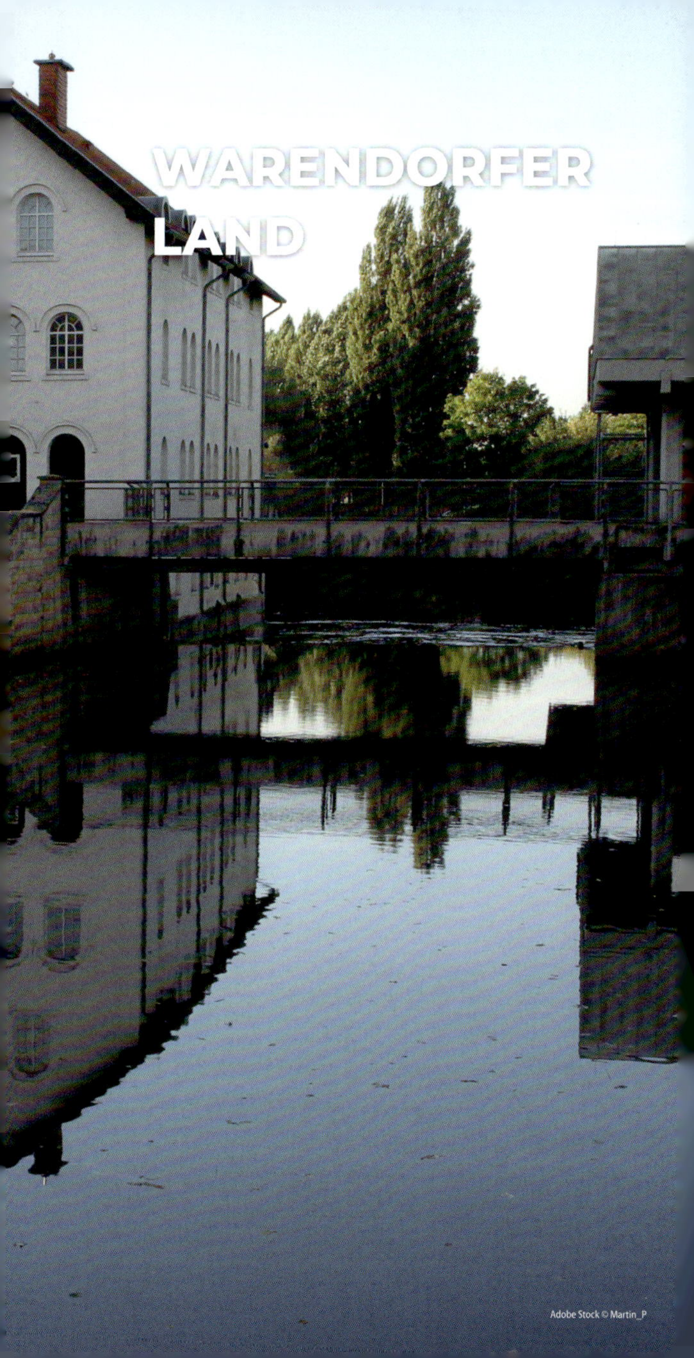

Adobe Stock © Martin_P

Tour 12

Durch die Rieselfelder

Diese Rundstrecke durch die Rieselfelder ermöglicht Besuchern auf ausgewiesenen Wanderwegen Einblicke in abwechslungsreiche Landschaften und eine artenreiche Vogelwelt.

Von 1901 bis 1975 wurden die Abwässer der Stadt Münster über ein **weitverzweigtes Kanalsystem** auf das Gebiet der Rieselfelder geleitet, wo sie verdunsteten oder versickerten. Die auf diese Weise gedüngten Böden wurden zum **Feldfruchtanbau** oder als **Grünland** für die schnell anwachsende Münsteraner Bevölkerung genutzt. In dem entstandenen **Feuchtgebiet** siedelten sich viele Vogelarten wie die Schreit- und Watvögel an. Aber auch Enten und Gänse fanden hier einen Lebensraum. 1975 wurde eine Kläranlage gebaut, die die Aufgabe der Rieselfelder übernahm. Die Rieselfeldflächen wurden von 1998 bis 2000 mit großem Engagement von Umweltschützern und Münsteraner Bürgern zu einem **Naturerlebnisgebiet** umgewandelt.

036mu-rf

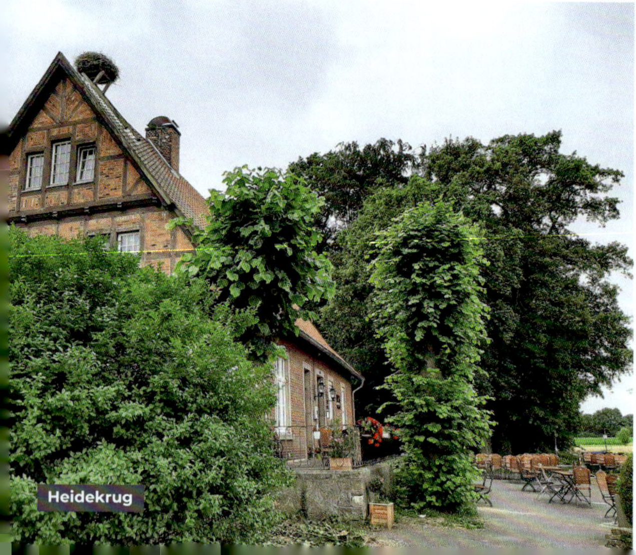

Heidekrug

Kurze Informationsübersicht

Länge: 6,2 km
Gehzeit: 2 Std.
LEICHT

Ausgangsort: 48157 Münster
Startpunkt: Biologische Station Rieselfelder Münster, GPS N 52.02873, E 7.65477
Einkehrmöglichkeit: Café und Restaurant Heidekrug beim Infozentrum Rieselfeldhof, Coermühle 100, 48157 Münster, Tel. 0251/1620444, www.heidekrugmuenster.de, Di–Fr und So ab 14 Uhr, Sa ab 11 Uhr. Kaffee, Kuchen, regionale Küche.
Anfahrt: A1 Ausfahrt Münster-Nord, dann Richtung Münster, nächste Ampel links Richtung Kinderhaus, nach Kinderhaus Richtung Greven, rechts in Straße Coermühle, hinter Bahndamm links, dann geradeaus bis zur Biologischen Station
ÖPNV: Keine Verbindung

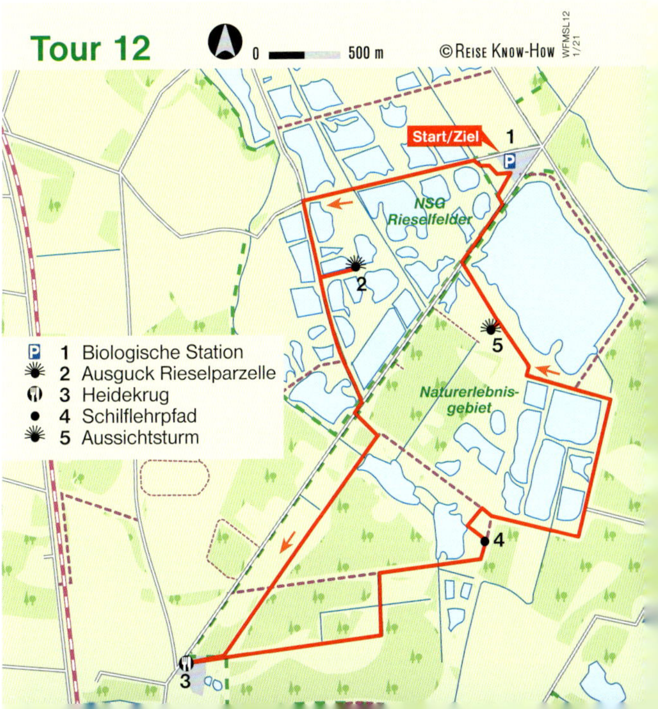

Wegbeschreibung

In der **Biologischen Station (1)** wird auf Informationstafeln über die Rieselfelder informiert. Von der Station geht die Wanderung durch ein Biotop, das mit hohen Schilfgräsern gesäumt ist. Man erreicht einen querenden Weg mit dem Informationsstand 18. Jetzt folgt man einem asphaltierten Weg nach links, der durch meterhohes Schilfgras führt. Durch gelegentliche Lücken kann man Wasservögel und die Seenlandschaft sehen. An der nächsten Gabelung mit dem Informationspfosten 19 folgt man dem Weg links und erreicht kurze Zeit später auf der linken Seite den **Ausguck Rieselparzelle (2).**

Der Weg wird fortgesetzt, es geht auf den Hauptweg vor Richtung Straße. Kurz vor Erreichen der Straße befindet sich rechts die Storchenhütte, ein Beobachtungspunkt. Man kommt an die Straße Coermühle, geht ein kleines Stück nach rechts, um sie dann nach links wieder zu verlassen. Kurz danach geht rechts ein mit Rindenmulch bedeckter Pfad ab. Man sieht gleich vor sich ein Wehr, das über eine Treppe überquert werden kann, dann setzt man den Weg geradeaus fort und passiert dabei eine große Wiese, auf der Heckrinder

042mu-rf

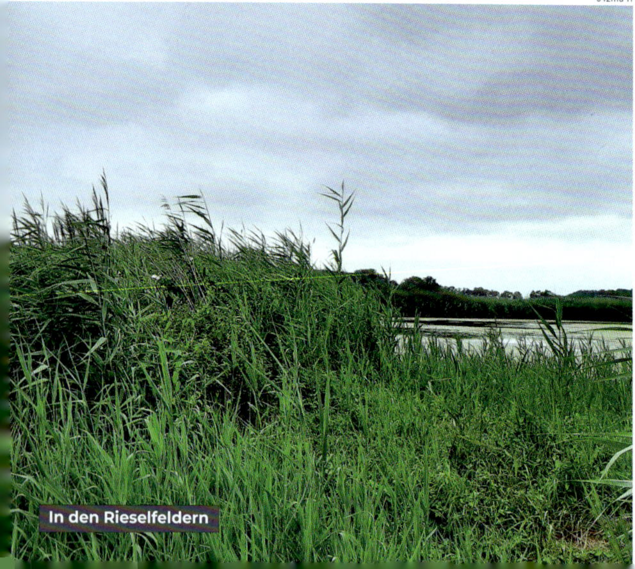

In den Rieselfeldern

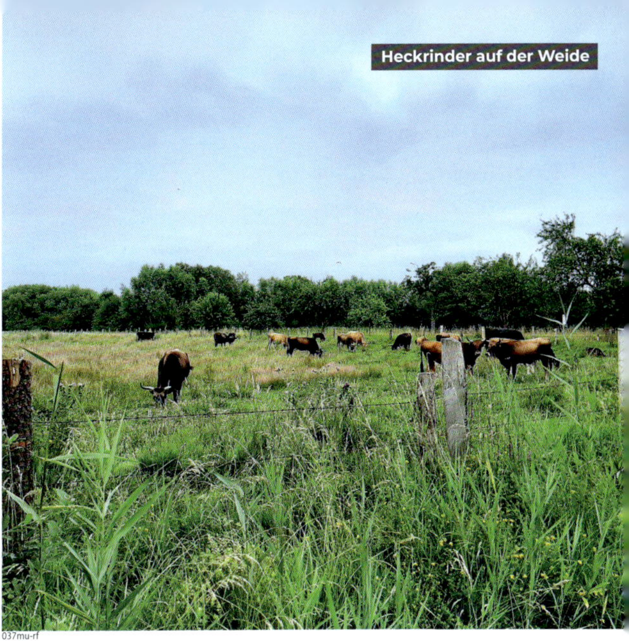

leben. Das Informationszentrum Rieselfeldhof mit dem Gasthof **Heidekrug (3)** kommt in Sicht. Hier bietet sich die Möglichkeit zu einer Einkehr.

Man verlässt den Heidekrug und geht rechts weiter in Richtung der Rieselfelder. Der Weg macht bald einen Knick nach links und man passiert das Rieselwärterhäuschen, einen Beobachtungsstand. An der nächsten Weggabelung hält man sich rechts, passiert eine Beobachtungshütte und setzt den Weg an der Gabelung nach links fort. Nun wird nach links ein **Schilflehrpfad (4)** erreicht, an dessen Ende es rechts weitergeht.

Dann überquert man einen Gewässerlauf mit einem Zugang zu einer Beobachtungshütte und biegt anschließend nach links ab in den dort abgehenden Weg. An der zweiten Möglichkeit geht es dann links. Schräg rechts kann man schon den **Aussichtsturm (5)** sehen, der bei einer Rinderweide steht. Vom 12 Meter hohen Turm hat man einen schönen Rundblick über die Rieselfelder. Man verlässt den Aussichtsturm, nähert sich nach links der Straße und folgt rechts weitergehend dem Weg zur Biologischen Station.

Tour 13

Entlang der Ems

Diese schöne Wanderstrecke ist die einzige Wanderung in diesem Buch, die keine Rundtour darstellt. Sie führt von Warendorf nach Einen und dabei hauptsächlich an der friedlichen Ems mit ihren üppig grünen Auen entlang.

Seitdem dort vor etwa 10 Jahren ein Teilstück der Ems renaturiert wurde, können in der **Emsaue bei Einen-Müssingen** Eisvogel, Uferschwalbe, Kormoran, Steinbeißer und Sandwespe beobachtet werden. Auch viele Pflanzen sind dort wieder heimisch geworden. Verhindert wurde dies zuvor durch eine Regulierung der Ems im Bereich des Kreises Warendorf und weiter flussabwärts. In den 1930er- und 1950er-Jahren wurde die Regulierung wegen häufiger Überschwemmungen vorgenommen, da diese für die Bauern ein erhebliches Problem darstellten.

Tour 13

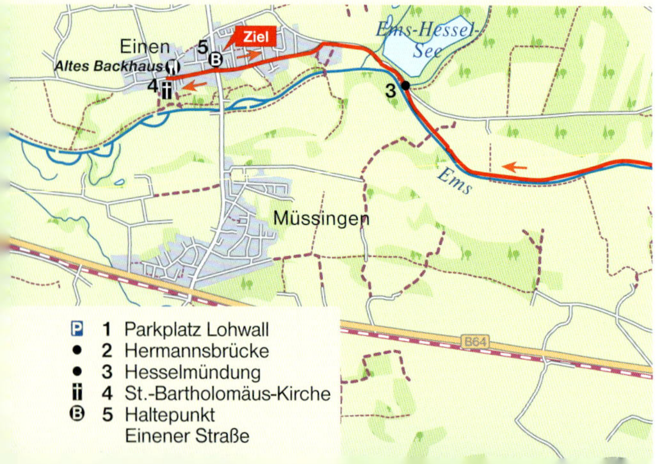

Kurze Informationsübersicht

Länge: 7,8 km
Gehzeit: 2 Std.
LEICHT

Ausgangsort: 48231 Warendorf
Startpunkt Warendorf, Parkplatz Lohwall, GPS N 51.95552, E 7.98938
Einkehrmöglichkeit: Landcafé Altes Backhaus, Bartholomäusstraße 26, 48231 Warendorf, Tel. 02582/7581, Sa/So/feiertags 12–18 Uhr geöffnet. In diesem gemütlichen Café gegenüber der St.-Bartholomäus-Kirche gibt es leckere hausgemachte Kuchen und guten Kaffee.
Anfahrt: Über die B64 von Münster bzw. Gütersloh. Der Parkplatz liegt an der Ems im Ortszentrum von Warendorf
ÖPNV: R11, Einen bis Warendorf

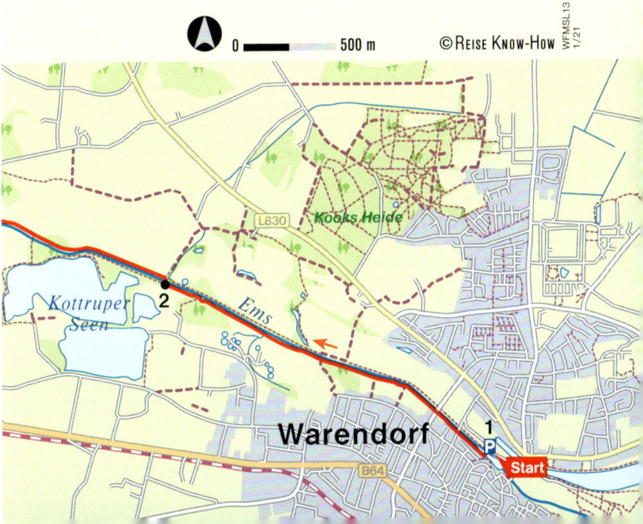

Wegbeschreibung

Die Wanderung startet am **Parkplatz Lohwall (1),** von wo es über die Brücke und dann links der Ems entlanggeht. Nach etwa zweieinhalb Kilometern erreicht man die hölzerne **Hermannsbrücke (2),** überquert die Ems und setzt den Weg auf der rechten Seite fort. Der nun pfadähnliche Weg führt jetzt etwa vier Kilometer an der Ems entlang. Kurz vor Einen kommt man an einer Bootsumtragestelle für Wassersportler vorbei. Der Wanderweg führt nun mit der Landstraße zusammen, die von rechts kommt. Dort, wo Wanderweg und Straße aufeinandertreffen, befindet sich die **Hesselmündung (3).** Ab hier ist der Weg markiert (X, E). Über die Velsener Straße (links halten) erreicht man schließlich den Zielpunkt Einen mit der **St.-Bartholomäus-Kirche (4)** im Ortszentrum. Außerdem findet man hier das Landcafé Altes Backhaus. Vom **Haltepunkt Einener Straße (5),** der sich an der Kreuzung Velsener/Einener Straße befindet, kommt man mit dem Bus zurück nach Warendorf.

041mu-rf

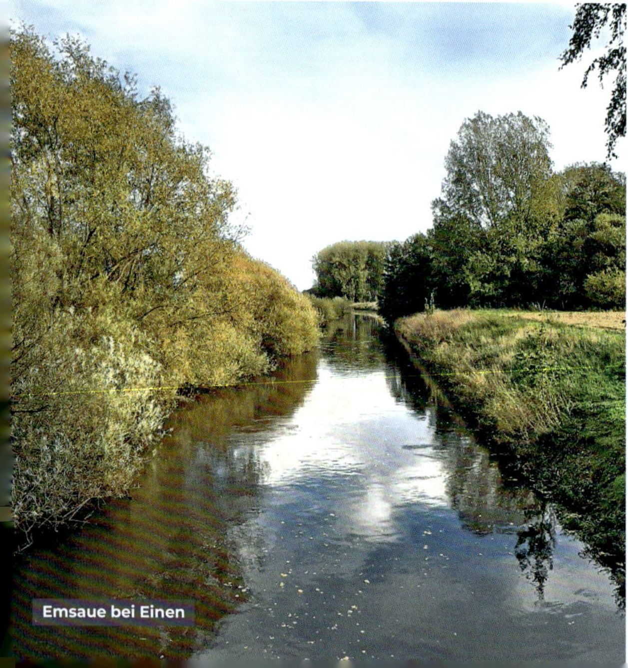

Emsaue bei Einen

Die Sage vom grundlosen Kolk

Die heidnischen Sachsen hatten auf ihrem **Opferplatz,** dort, wo heute die **Laurentiuskirche** in Warendorf steht, einen Turm errichtet, den man später **Heidenturm** nannte.

Als um 800 unter *Karl dem Großen* und *Liudger,* dem ersten Bischof von Münster, das Christentum eingeführt wurde, baute man an genau diesem Platz das erste Gotteshaus. In den Heidenturm hängte man die Glocke. Laut erklang ihre Stimme und rief die Einwohner zum Dienst an dem „einzig wahren Gott", dem Gott der Christen.

Die Zahl der **Heiden** wurde immer geringer. Darüber herrschte in der Hölle große Aufregung. Die Glocke mit dem Gebimmel musste verschwinden!

Der Himmel überzog sich mit schwarzen Wolken, Blitze zuckten durch die Luft, ein gewaltiger Sturm durchbrauste die Gegend. Wimmernd erklang das Glöcklein. Ein Blitz fuhr hernieder, der Glockenbalken wurde zersplittert. Der Teufel ergriff die Glocke, schleuderte sie in einem ungeheueren Schwung heraus aus der Stadt. Sie landete im „Grundlosen Kolk", der nun auch „Glockenkuhle" genannt wurde. Dort ruht sie nun seit vielen hundert Jahren.

Am Feste **Mariä Himmelfahrt** können „reine Seelen" mittags um 12 das Glöcklein leise und traurig klingen hören.

Quelle: Mechthild Wolff, Heimatverein Warendorf

Adobe Stock © borisb17

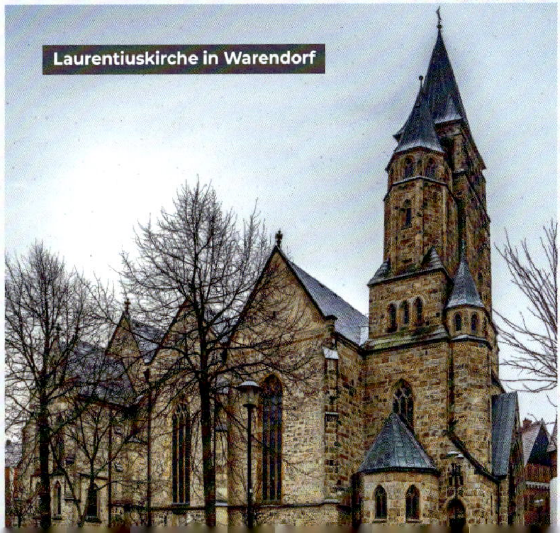

Laurentiuskirche in Warendorf

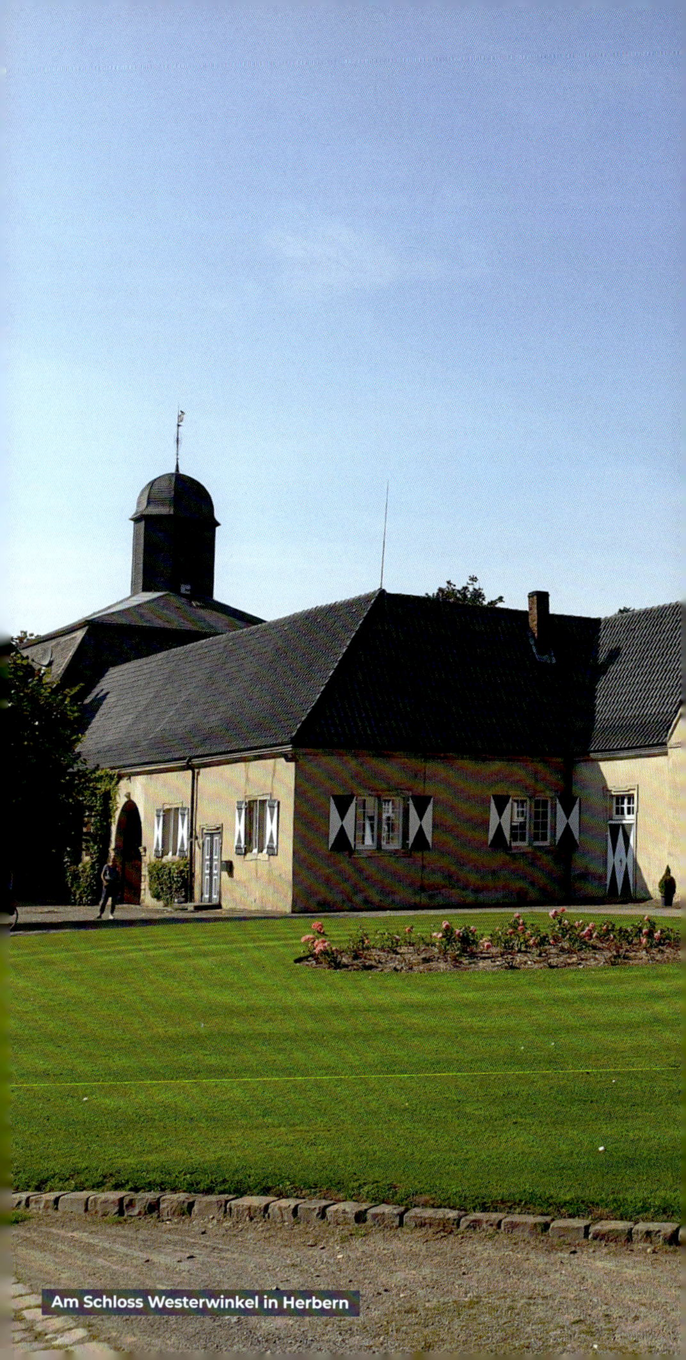

Am Schloss Westerwinkel in Herbern

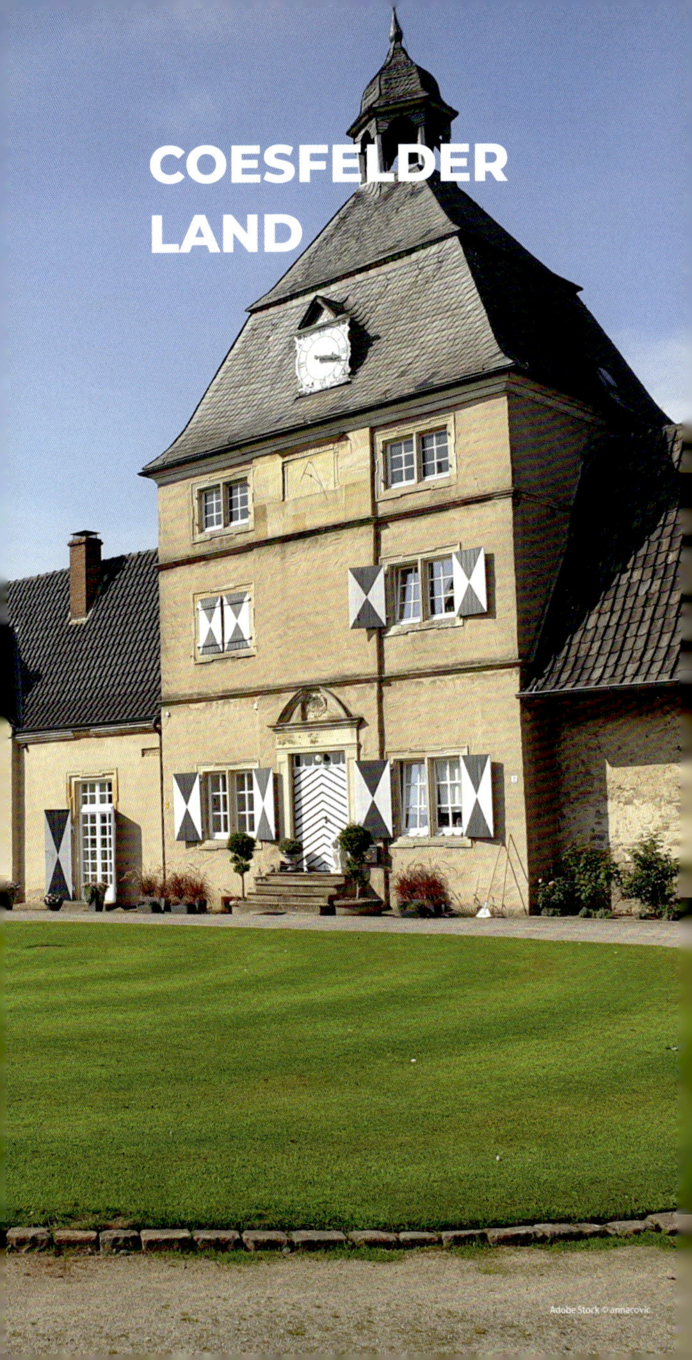
COESFELDER
LAND

Tour 14
Rund um Cappenberg

Die Tour beginnt vor dem Schloss Cappenberg und erstreckt sich in einem Bogen um die gleichnamige Ortschaft bis zum Cappenberger Forst, der am Ende der Tour durchquert wird.

Cappenberg ist ein Ortsteil der Stadt Selm, die im südlichen Münsterland liegt. Der Ort ist umgeben vom **Cappenberger Wald,** in dem sich wiederum das **Schloss Cappenberg** im südlichen Teil des Waldes auf einer Anhöhe mit schönem Blick auf das Lippetal befindet. Der Mischwald besteht zu einem großen Teil aus Eichen und Buchen.

043mu-rf

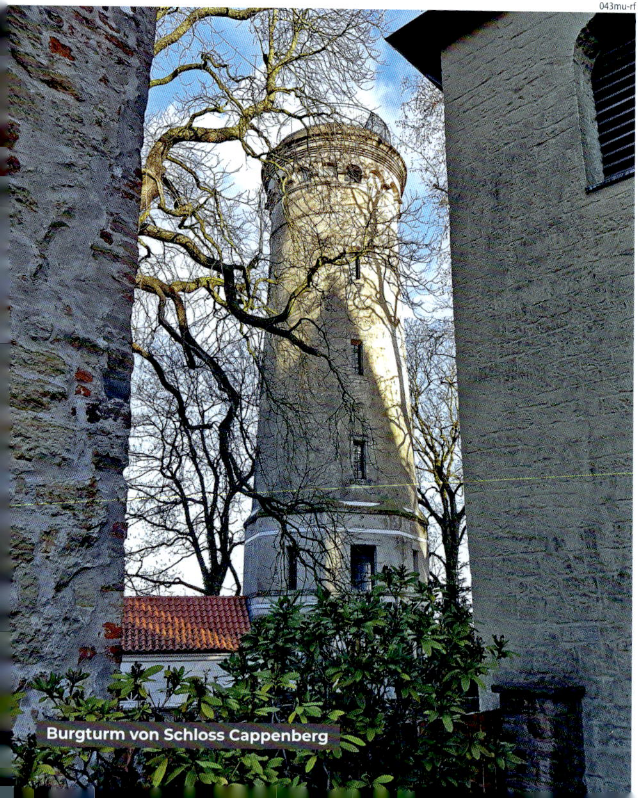

Burgturm von Schloss Cappenberg

Kurze Informationsübersicht

Länge: 7,9 km
Gehzeit: 2 Std.
LEICHT

Ausgangsort: 59379 Selm (Cappenberg)
Startpunkt: Cappenberg, Parkplatz am Schlossberg, GPS N 51.65302, E 7.53850
Einkehrmöglichkeit: Café Alte Kegelbahn, Schloss Cappenberg, 59379 Selm, Tel. 02306/9593211, www.cafe-kegelbahn.de, geöffnet Fr–So ab 12 Uhr. Es werden liebevoll zubereitete saisonale Speisen serviert.
Anfahrt: Über Lünen, Selm oder Werne nach Cappenberg
ÖPNV: R19 ab Bahnhof Selm bis Schloss Cappenberg

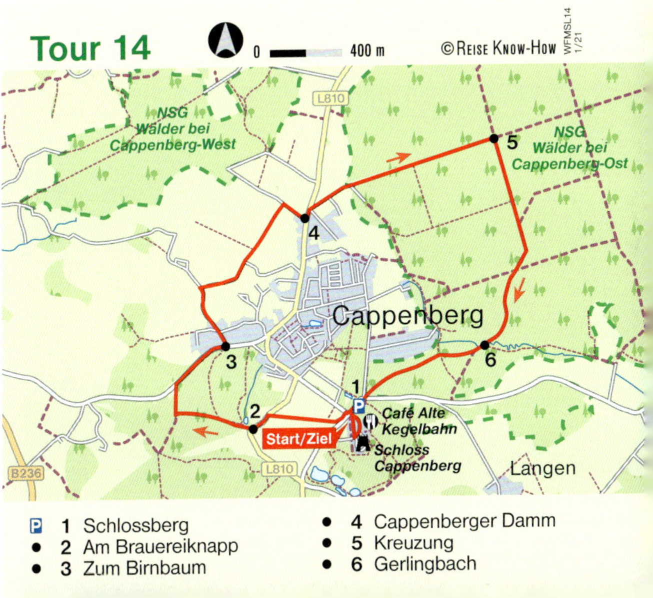

Wegbeschreibung

Man überquert vom Haupteingang am **Schlossberg (1)** die Kreisstraße und folgt dem Weg, der schräg links über eine Freifläche in Richtung einer Reitanlage führt.

Dort hält man sich an der Straße links und wechselt an der Straße **Am Brauereiknapp (2)** nach rechts auf den Waldweg in den Forst Cappenberg.

An einer Weggabelung folgt man rechts dem A4, dann an der Straße rechts in Richtung Cappenberg (A4). Am Ortsanfang nimmt man dann die erste links, die Straße **Zum Birnbaum (3),** bis zu einer Linde (X), wo man rechts an einem Zaun entlang bis zur Gabelung abbiegt (A4).

Nun geht es dem A4 folgend nach rechts bis vor zum **Cappenberger Damm (4),** dann hält man sich kurz links und gleich wieder schräg rechts. So lässt man Cappenberg hinter sich und nähert sich, an einer Sportanlage vorbei, dem Forst Kohusholz. Hier geht es rund einen Kilometer geradeaus.

An einer **Kreuzung (5)** im Wald hält man sich nun rechts (A2, X). Die Tour verläuft in der Folge bis auf einen leichten Rechtsknick geradeaus. Nach Überqueren des **Gerlingbachs (6)** zweigt der A4 schräg rechts ab. Hier sieht man das von links hinzukommende Zeichen des Jakobswegs, das einen bis zum Erreichen des Ausgangspunkts begleitet.

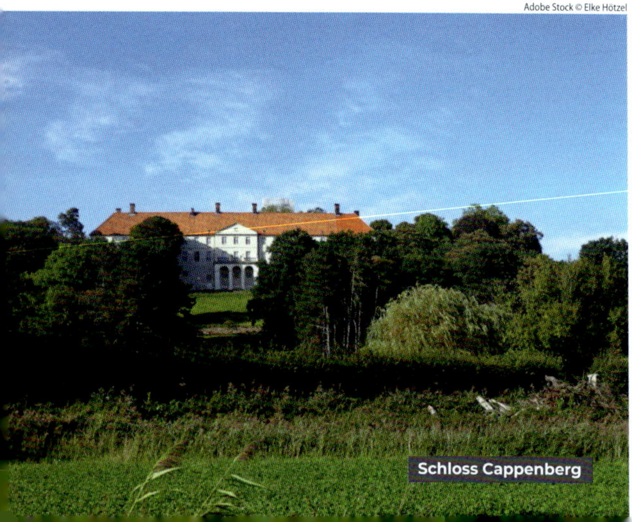

Schloss Cappenberg

Schloss Cappenberg

Das Schloss Cappenberg liegt von Wäldern umgeben in einer hügeligen Landschaft an der Lippe und ist ein sehr attraktives **Naherholungsziel.**

Im 17. und 18. Jahrhundert war Schloss Cappenberg, ein schlichter Barockbau, ein **Prämonstratenserkloster.** Bei den Prämonstratensern handelt es sich um den größten römisch-katholischen Orden regulierter Chorherren. Diese leben nach einer Ordensregel, haben meistens die Priesterweihe empfangen und Ordensgelübde abgelegt, sind jedoch keine Mönche.

1816 kaufte der ehemalige Staatsminister und Verwaltungsreformer *Reichsfreiherr Karl von und zum Stein* das Schloss und wohnte dort bis zu seinem Tod im Jahr 1831. Der Besitz ging dann in der Erbfolge über an den *Grafen von Kanitz.*

Heute erwartet die Besucher ein einzigartiges **Kunst- und Kulturzentrum** mit Wechselausstellungen, Konzerten und Theateraufführungen.

044mu-rf

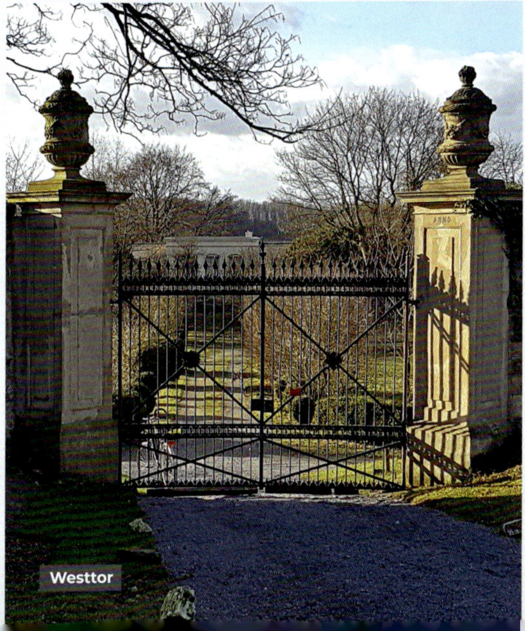

Westtor

Tour 15
Rund um Schloss Nordkirchen

Auf den mit alten Weißdornbüschen bewachsenen Grünlandflächen, die zu den artenreichsten der ganzen Region zählen, kommen heute Pflanzen wie Teufelsabbiss, Dorniger Hauhechel oder Zittergras vor.

Die Schlossanlage Nordkirchen und der anschließende **Hirschpark** eignen sich hervorragend für eine gemütliche Tour. Das **Schloss Nordkirchen** ist eine der größten Attraktionen im südlichen Münsterland. Und auch der Hirschpark ist den Besuch wert. Das knapp 200 Hektar große **Naturschutzgebiet** ist aufgrund seiner artenreichen **Eichen-Hainbuchenwälder** besonders attraktiv für eine erholsame Wanderung. Knorrig gewachsen säumen alte Bäume den Wanderweg, wobei der Hirschpark selbst eingezäunt und für Wanderer nicht zugänglich ist.

046mu-rf

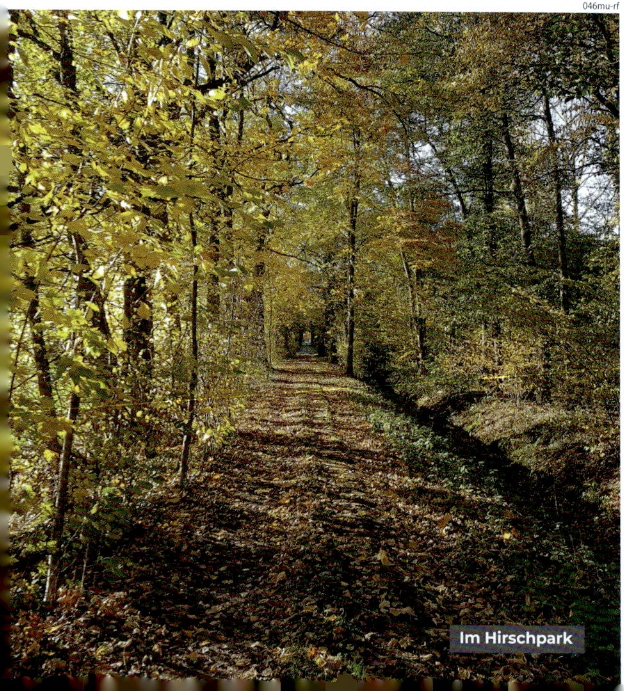

Im Hirschpark

Kurze Informationsübersicht

Länge: 7,7 km
Gehzeit: 2,5 Std.
LEICHT

Ausgangsort: 59394 Nordkirchen
Startpunkt: Parkplatz am Schlosspark, GPS 51.73553, E 7.53515
Einkehrmöglichkeit: Plettenberger Hof, Schloßstraße 28, 59394 Nordkirchen, Tel. 02596/9270, www.plettenberger-hof.de, geöffnet Di–Fr ab 17 Uhr, Sa/So ab 12 Uhr, Mo Ruhetag. Gutbürgerliche und westfälische Küche.
Anfahrt: Über die A1 Ausfahrt Ascheberg, B58 Richtung Lüdinghausen, hinter Ascheberg an der ersten Ampel links nach Nordkirchen, über die Ringstraße den Wegweisern Richtung Schloss folgen
ÖPNV: R53 bis Nordkirchen Schlosspark

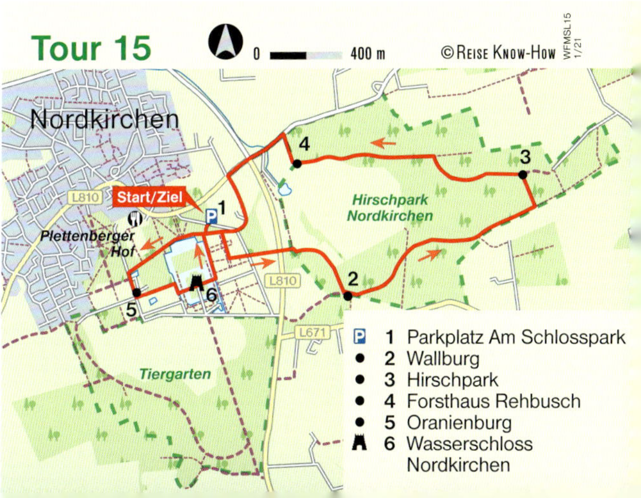

Wegbeschreibung

Man beginnt die Wanderung am **Parkplatz Am Schlosspark (1).** Von hier geht es über die Straße Richtung Schloss und dann nach links an der Straße entlang Richtung Minigolfplatz. Vor dem Minigolfplatz geht es rechts weiter bis zur nächsten Linksabbiegung, die über die Landstraße führt. An einem Metallgatter geht es nach rechts weiter. Nun folgt man dem Radweg, bis man einen Graben erreicht, an dem ein Hinweis zu einer mittelalterlichen **Wallburg (2)** steht. Um 1400 errichtete hier die Familie *Morrien* die erste Burg Nordkirchen. Jetzt folgt man dem Weg durch den **Hirschpark (3),** der mit X und A5 bezeichnet ist. Nach längerer Zeit knickt dieser Weg links ab, an der nächsten Weggabelung folgt man wieder links dem Weg A5. An einer hölzernen Schranke geht es nun links weiter (A5). Dann erreicht man den eigentlichen Hirschpark, geht an ihm entlang bis zum **Forsthaus Rehbusch (4),** wo der Weg rechts abknickt. Diesem Weg folgt man bis zur Straße und geht auf dieser links weiter Richtung Nordkirchen. Nach dem Überqueren der Landstraße nimmt man die nächste Abbiegung nach links zum Minigolfplatz. So erreicht man wieder den Schlosspark. An der Abbiegung, an der es rechts zum Parkplatz geht, geht man geradeaus weiter durch den Schloss-

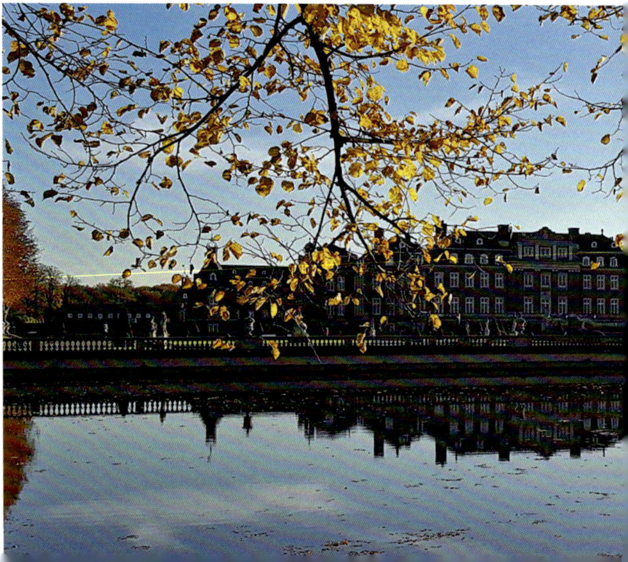

park, bis links die **Oranienburg (5)** zu sehen ist. Die Oranienburg ist ein ehemaliges Gartencasino, das 1718 erbaut und 1725 aufgestockt wurde. Man geht rechts an der Oranienburg vorbei und folgt dann nach links dem Weg zum **Wasserschloss Nordkirchen (6).** Zum Schluss gelangt man über den Schlosspark wieder zum Parkplatz bei der Sportanlage.

Wasserschloss Nordkirchen

„Westfälisches Versailles" – so wird das **barocke Wasserschloss** Nordkirchen im Münsterland oft bezeichnet. 1697 wurde mit der Planung des Baus und der Gartenanlage unter Leitung des Landingenieurs *Gottfried Laurenz Pictorius* und des Barockbaumeisters *Johann Conrad Schlaun*, die beide aus Westfalen stammten, begonnen. Die Bauarbeiten dauerten von 1703 bis ca. 1733. Die Anlage des französischen Schlosses von **Versailles** diente als **Vorbild**. Die **UNESCO** erklärte das Schloss Nordkirchen mit seinem etwa 170 Hektar großen Park als Gesamtkunstwerk von internationalem Rang für **schutzwürdig.**

047mu-rf

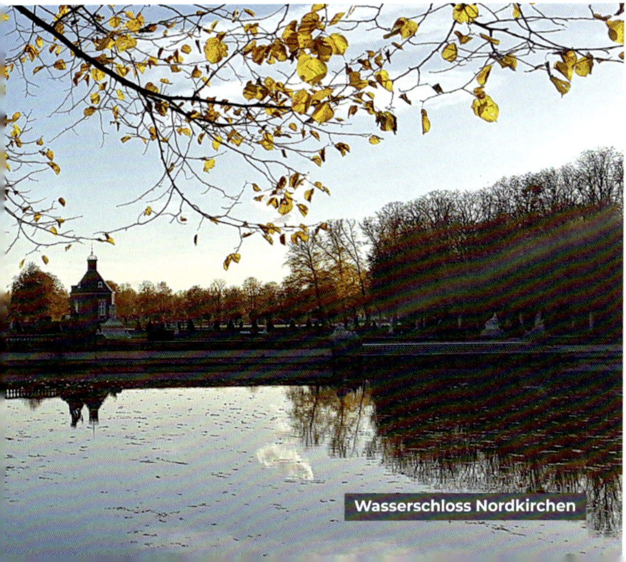

Wasserschloss Nordkirchen

Tour 16

Burgentour um Lüdinghausen

Die Rundtour um Lüdinghausen verläuft von der Innenstadt ausgehend über die Burg Lüdinghausen am Klutensee entlang in Richtung Dortmund-Ems-Kanal und endet an der Burg Vischering.

Lüdinghausen ist eine Stadt im **südlichen Münsterland** mit rund 25.000 Einwohnern. Die erste Erwähnung des Ortes erfolgte im Jahr 800 anlässlich der Übereignung eines Hofes an den *Heiligen Liutger,* dem späteren Bischof von Münster. Bekannt ist Lüdinghausen wegen seiner **zahlreichen Burgen:** Lüdinghausen, Vischering, Wolfsberg und Kakesbeck.

048mu-rf

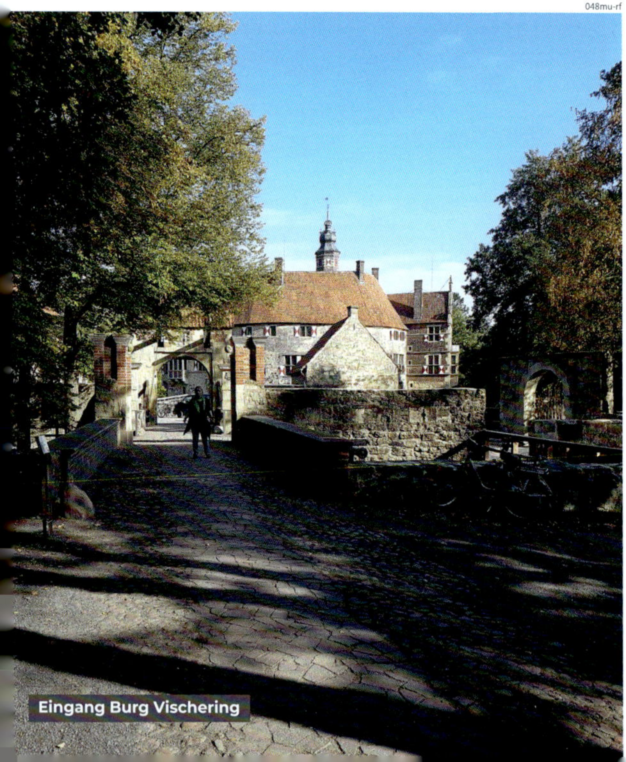

Eingang Burg Vischering

Kurze Informationsübersicht

Länge: 10,7 km
Gehzeit: 3 Std.
LEICHT

Ausgangsort: 59348 Lüdinghausen
Startpunkt: Parkplatz Steverstraße gegenüber der Sparkasse (Pferdewiese), GPS N 51.76940, E 7.43945
Einkehrmöglichkeit: Landgasthof Kastanienbaum, Elvert 6, 59348 Lüdinghausen, Tel. 02591/940300, www.kastanienbaum.de, Di–So ab 17 Uhr, Mo Ruhetag. Westfälische Küche.
Anfahrt: A1 aus Richtung Ascheberg über B58 nach Lüdinghausen oder A43, Ausfahrt Dülmen Nord über B474/B58 nach Lüdinghausen
ÖPNV: Ab Münster Hbf SB 91/92 bis Lüdinghausen Busbhf

Tour 16

0 400 m ©Reise Know-How WFMSL16 1/21

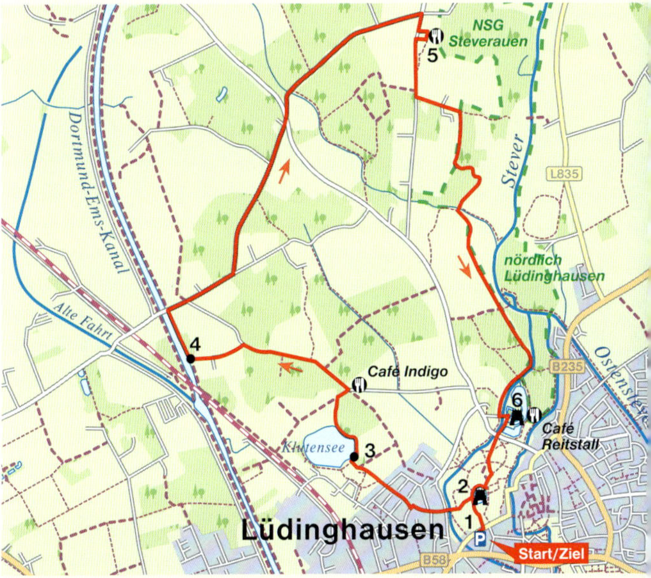

- 1 Parkplatz Steverstraße
- 2 Burg Lüdinghausen
- 3 Klutensee
- 4 Kanal
- 5 Landgasthof Kastanienbaum
- 6 Burg Vischering

Wegbeschreibung

Vom **Parkplatz Steverstraße (1)** geht es links an der **Burg Lüdinghausen (2),** einem Renaissancebau aus dem 12. Jahrhundert, vorbei. Die Burg wird heute für kulturelle Veranstaltungen genutzt.

Auf Höhe der Burg folgt man links dem gepflasterten Weg (X2, A3), überquert die Stever auf einer Holzbrücke und geht geradeaus weiter Richtung **Klutensee (3).** Nach dem Passieren des Hallenbads erreicht man den Klutensee und geht rechts am See entlang weiter.

Der Weg führt weiter bis zu einer querenden asphaltierten Straße, wo es zunächst rechts und dann an der wiederum nächsten asphaltierten Straße links weitergeht. Man passiert das Café Indigo.

049mu-rf

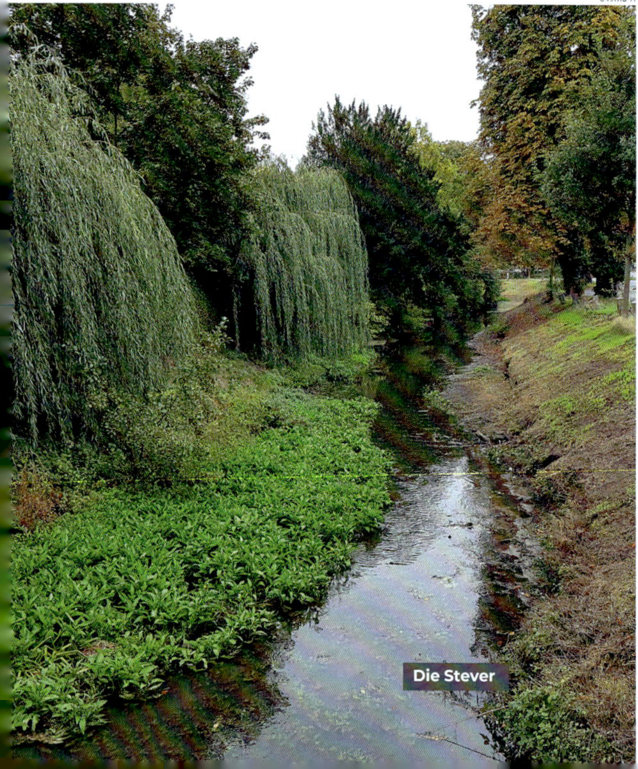

Die Stever

Vor einem Bauernhof biegt man links ab und folgt der Straße bis zum Dortmund-Ems-Kanal (A3). Am **Kanal (4)** folgt man dem Weg nach rechts bis zur Brücke. Vor der Brücke geht es auf der Straße rechts weiter, dann passiert man nach rund 500 Metern ein Wegkreuz und folgt der Straße weiter nach links. Nun überquert man die Kreisstraße und geht weiter geradeaus bis zum **Landgasthof Kastanienbaum (5),** wo es eine Einkehrmöglichkeit gibt.

Kurz vor dem Gasthof ist der Weg nun mit X markiert. Man folgt der Straße (X) und biegt bei der ersten Möglichkeit links ab. Der Hofladen Dinkelhof wird passiert, dann folgt man bei der nächsten Möglichkeit dem Weg X nach rechts. Dieser Weg läuft pfadmäßig verschlungen weiter. Kastanien säumen einen Großteil des Weges bis zur Burg Vischering. Auf der linken Seite nähert man sich der Stever mit ihren Auen, in denen sich seit ein paar Jahren wieder Störche aufhalten. Dann erreicht man die **Burg Vischering (6),** die 1271 errichtet wurde.

Die Burganlage ist südlich und östlich von einem dicht bepflanzten Wall und zusätzlich einer Gräfte umgeben. Weiterhin zeugen Zugbrücke, Wehrgänge und Schießscharten davon, dass die Burg bis 1521 als reines Verteidigungsbauwerk diente. Ebenfalls 1521 brannte die Burg ab und wurde dann im Stil der Renaissance auf den alten Fundamenten wieder aufgebaut. Die Burg blieb seitdem fast unverändert und lässt aufgrund der Ausgestaltung der Räume und des Anbaus eines prachtvollen Saales vermuten, dass nicht mehr die Wehrhaftigkeit im Vordergrund stand, sondern der Wunsch nach mehr Lebensqualität. Burg Vischering vermittelt Besuchern wie kaum eine andere Wasserburg (sie ist eine der schönsten Westfalens) einen Eindruck vom mittelalterlichen Leben auf einer Burg.

Die Burg beherbergt ein Museum und eine Einkehrmöglichkeit, das Café Reitstall. Weiter geht es am Eingang der Burg vorbei, man überquert die Klosterstraße und geht geradeaus der Beschilderung folgend zur Burg Lüdinghausen und zum dahinter liegenden Parkplatz zurück.

Tour 17

Auf den Spuren des letzten Wolfes

Diese Rundwanderung führt uns von Herbern über Schloss Westerwinkel an einem Gedenkstein vorbei, der an den letzten Wolf Westfalens erinnert. Dieser wurde im Januar 1835 in Herbern erlegt.

Schloss Westerwinkel, eines der frühesten **Barockwasserschlösser** Westfalens, ist seit dem 16. Jahrhundert Eigentum der Grafen *von Merveldt*. Das Herrenhaus wurde von 1663 bis 1668 auf der östlichen zweier Inseln gebaut, die westliche Insel präsentiert einen herrlichen **englischen Garten.** Die Fassadengestaltung der Gebäude wirkt eher schmucklos, das **Torhaus** dagegen beeindruckt durch einen wiederum kräftigen Eckpavillon, auf dem sich eine Dachhaube befindet. Die Zufahrt führt von der Garteninsel durch die Vorburg und letztlich durch den Nordtrakt des Hauptschlosses, das nur im Rahmen einer Führung besucht werden kann.

005mu-rf

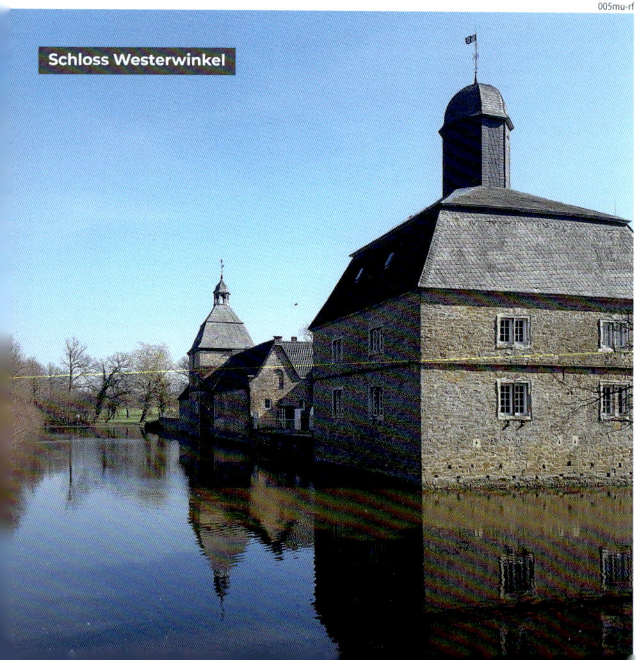

Schloss Westerwinkel

Kurze Informationsübersicht

Länge: 13,1 km
Gehzeit: 3,5 Std.
LEICHT

Ausgangsort: 59387 Ascheberg (Herbern)
Startpunkt: Benediktus-Kirchplatz in Herbern, GPS N 51.74030, E 7.66020
Einkehrmöglichkeit: Golfcafé Hugo am Schloss, Horn-Westerwinkel 5, 59387 Ascheberg, Tel. 02599/7595933, www.hugo-am-schloss.de, Di–So 11–21 Uhr, Mo Ruhetag. Gehobene und regionale Küche.
Anfahrt: Von Norden über die A1, Ausfahrt Ascheberg, an der ersten Ampel in Ascheberg links bis Herbern, in der Ortsmitte an der Kirche parken
ÖPNV: RB 50 bis Davensberg, dann B21 bis Herbern Schulzentrum

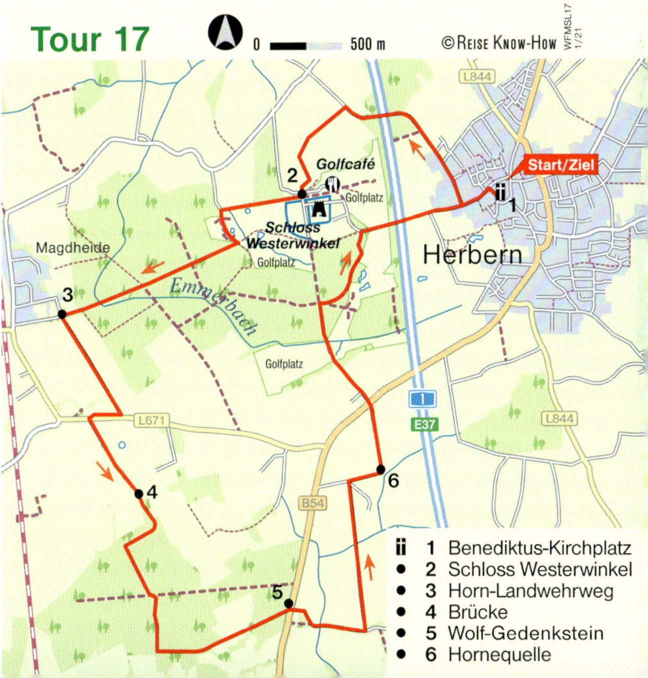

Wegbeschreibung

Die Wanderroute startet am **Benediktus-Kirchplatz (1).** Über die Bergstraße geht es links in die Altenhammstraße, diese verläuft zunächst nach links und nach rund 250 Metern nach rechts ortsauswärts (A6). Man folgt dem Bakenfelder Weg, überquert die Autobahn, geht die nächste Straße links und folgt A8. Man erreicht das **Schloss Westerwinkel (2)** und geht vor dem Schloss rechts auf dem geschotterten Weg weiter. Man passiert das Gelände des Golfplatzes und einige Reihenhäuser. Am Ende dieser Straße geht es an einer Gabelung links weiter bis zur nächsten Abbiegung nach rechts (X), (A5).

Man überquert am Waldrand den Emmerbach, passiert eine rot-weiße Schranke und geht weiter geradeaus bis zur nächsten Kreuzung, an der der **Horn-Landwehrweg (3)** links abgeht. Diesem folgt man etwa einen Kilometer bis zur nächsten Wegkreuzung und folgt hier rechts der Straße Beifang. Man geht nun etwa 300 Meter und biegt dann nach links in den Dahlweg ab.

Dann setzt man den Weg geradeaus fort, überquert eine **Brücke (4)** und erreicht schließlich den Wald. Der nun unmarkierte Weg knickt zunächst rechts, dann links ab und führt dann rund einen halben Kilometer geradeaus. Nach erneutem Links- und Rechtsknick, an dem auch die Bezeichnung Radfahrweg steht, bleibt man geradeaus bis zum Waldrand. Dort folgt man links dem Weg weiter bis zur Straße. An dieser Stelle befindet sich der **Wolf-Gedenkstein (5),** der an den letzten Wolf in Westfalen erinnern soll. Die Straße B54 wird überquert. Auf der rechten Seite befand sich der bekannte Gasthof „Zum letzten Wolf", der seit 2012 leer steht.

An der ersten Abbiegemöglichkeit nach links folgt man nach rund 500 Metern dem leicht bergauf führenden Radweg bis zur nächsten Bauerschaft, wo man dem Weg an einem Gebetsstock vorbei nach rechts folgt. Nun biegt der Weg links ab. An dieser Stelle befindet sich ein Hinweis auf die **Hornequelle (6).** Man nähert sich dann wieder der B54, die man überquert. Weiter geht es auf dem mit der Jakobsmuschel bezeichneten Weg. Jetzt wird wieder der Wald erreicht und an der ersten Wegkreuzung A4 gefolgt. Über den Waldweg erreicht man das Osttor des Parks Westerwinkel. Hier folgt man rechts der Straße in das Ortszentrum von Herbern.

Der letzte Wolf in Westfalen

Schräg gegenüber der früheren Gaststätte „Zum letzten Wolf" an der B54 in Herbern-Horn steht seit Januar 1935 ein **Denkmal** mit folgender Inschrift:

„Am 14. Januar 1835 wurde hier vom Gastwirt *Joseph Hennemann,* Herbern, der letzte Wolf in Westfalen zur Strecke gebracht! Am hundertsten Jahrestag wurde dieser Gedenkstein gesetzt."

Erinnert wird damit an die erfolgreiche **Treibjagd** auf einen Wolf im Januar 1835, die angesetzt wurde, weil das Tier zuvor für große Schäden gesorgt hatte. Einer der beteiligten Jäger, der Gastwirt und spätere **Schützenkönig Joseph Hennemann** aus Herbern, gab den entscheidenden Schuss auf den Wolf ab, der zunächst verwundet weitergerannt war. Zwei Jäger im Dienst des Grafen *von Merveldt* beanspruchten damals ebenfalls, den Wolf erlegt zu haben. Eine Untersuchung gab jedoch *Hennemann* recht: Die Kugel, die das Tier tötete, stammte aus seiner Waffe.

Dass es sich beim Herberner Wolf tatsächlich um den letzten seiner Art in Westfalen gehandelt hat, bezweifeln Heimatforscher mittlerweile. Sie verweisen dabei auf **Wolfsspuren,** die auch noch einige Jahre später in der Gegend gefunden wurden, bevor die Tiere für rund 150 Jahre aus der Region verschwanden. Das Landesumweltamt Nordrhein-Westfalen verzeichnet die erste **erneute Sichtung** eines durchziehenden Wolfes im Kreis Höxter Ende November 2009.

051mu-rf

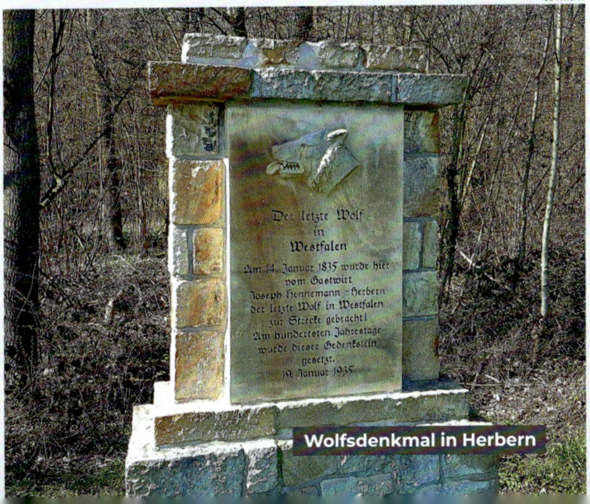

Wolfsdenkmal in Herbern

Coesfelder Land

Tour 18

Im Venner Moor

Auf dem Rundweg durch das Venner Moor können neben Hochmoorresten, Heide und Bruchwald auch Birken- und Kiefernwälder entdeckt werden. In diesem Gebiet leben einige bedrohte und seltene Tierarten wie zum Beispiel die Kreuzotter, die Krickente oder der Moorfrosch.

Die Dichterin *Annette von Droste-Hülshoff* (geboren am 24.5.1848 bei Münster auf Burg Hülshoff) wurde wohl durch einen Besuch im **Venner Moor** zu ihrer Ballade „Der Knabe im Moor" inspiriert. In der Ballade geht es um einen Jungen, der in der Dämmerung durch das Moor geht und sich aufgrund der Schatten der Baumstümpfe und skurril erscheinenden Gewächse und Baumformen Geistergestalten einbildet und panisch wird. Am Ende sieht er jedoch Licht und entkommt aus der angstvollen Situation.

052mu-rf

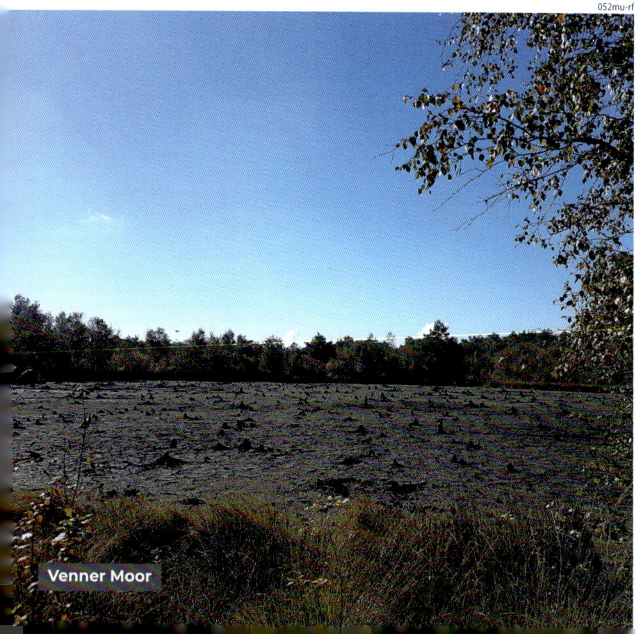

Venner Moor

Kurze Informationsübersicht

Länge: 4,8 km
Gehzeit: 1,5 Std.
LEICHT

Ausgangsort: 48308 Senden (Ottmarsbocholt)
Startpunkt: Wanderparkplatz Venner Moor im Ortsteil Venne, Venner Straße, GPS N 51.86432, E 7.54817
Einkehrmöglichkeit: Gaststätte Venner Moor, Venne 3, 48308 Senden, Tel. 02598/409, www.venner-moor.de, Di–Do und Sa/So 12–14 und 17–21 Uhr, Fr 17–21 Uhr, Mo Ruhetag. Gutbürgerliche Küche.
Anfahrt: Über A43, Ausfahrt Senden, dann B235 nach Senden, hinter dem Kanal links Richtung Ottmarsbocholt, dann gleich wieder links auf die Kreisstraße bis Venne
ÖPNV: R41, ab Münster Hbf bis Haltestelle Venner Moor

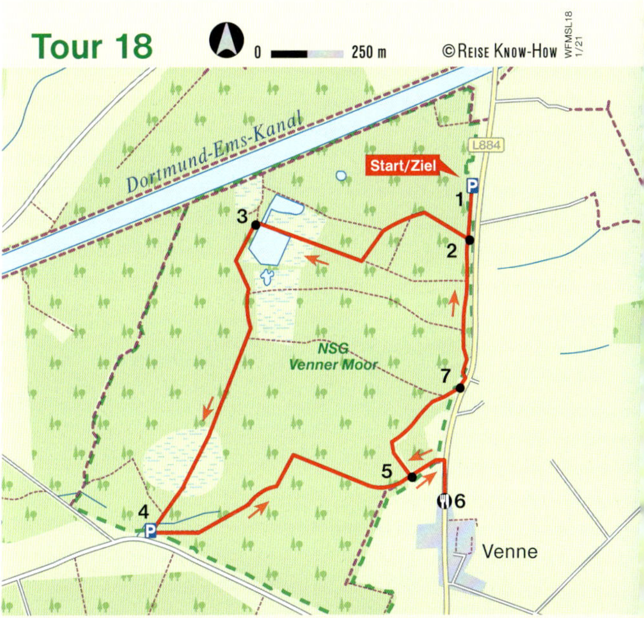

1 Wanderparkplatz
2 Waldweg
3 Bohlenweg
4 Waldparkplatz
5 Schranke
6 Gaststätte Venner Moor
7 Landstraße

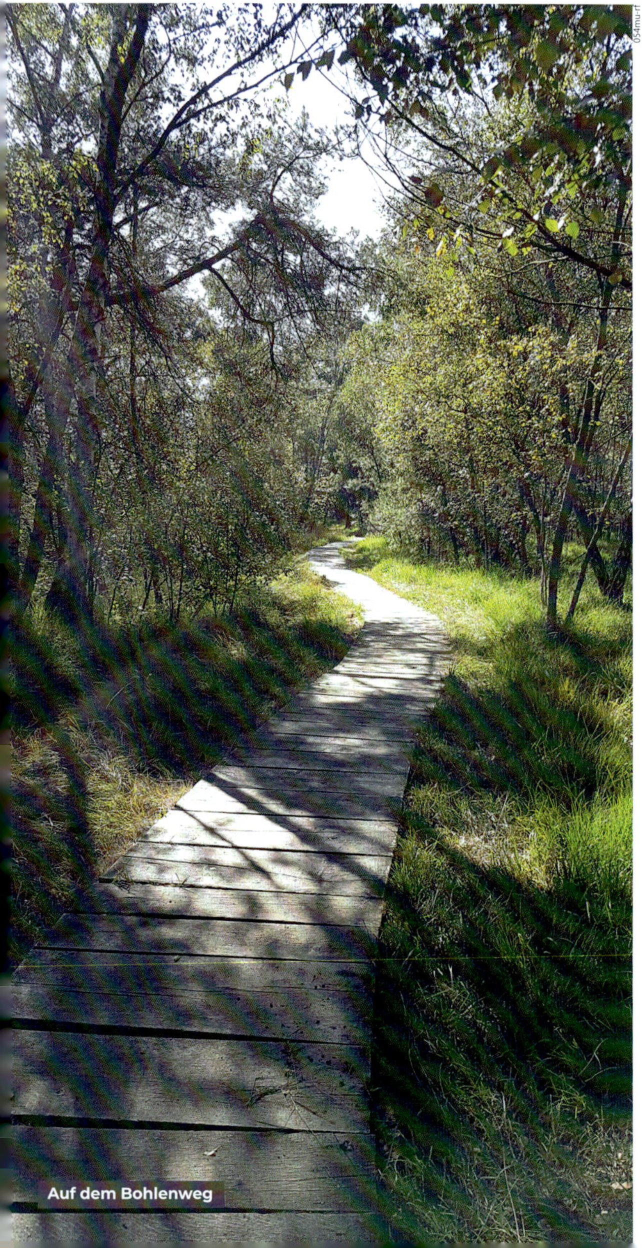

Auf dem Bohlenweg

Wegbeschreibung

Man verlässt den **Wanderparkplatz (1)** in südlicher Richtung und nähert sich, an einer Info-Tafel vorbeigehend, entlang der Straße dem Wald. Bei der ersten Möglichkeit geht man nach rechts (A9) und folgt dem **Waldweg (2),** bis dieser nach links abknickt, wechselt dann schräg links auf einen Pfad ohne Markierung bis zu einem querenden breiteren Weg, der nach rechts zum Venner Moor führt. Je nach Witterung und Jahreszeit liegt das Moor trocken oder es ist mit Wasser bedeckt.

Am Ende dieses Weges geht man an der Gabelung links weiter und befindet sich zeitweise auf einem **Bohlenweg (3),** der einen weiter durch das Moor bringt (X). Nach Verlassen des Moorgebietes geht es auf einem teilweise wurzelbewachsenen Waldweg weiter, bis dieser am **Waldparkplatz (4)** an der Kreisstraße endet und links auf breiterem Grund weiterführt (X).

Der Rundweg führt nun bis zum Waldrand, wo ein Bauernhof in Sicht kommt, der zur Ortschaft Venne gehört. Vor der **Schranke (5)** geht es nach links (A9) und die Tour wird durch den Wald fortgesetzt.

Geht man an dieser Stelle geradeaus weiter nach Venne, erreicht man die **Gaststätte Venner Moor (6),** die seit Ende des 18. Jahrhunderts existiert und gutbürgerliche Küche anbietet. Weiterhin sehenswert ist in Venne die seit 1255 bekannte St-Johannis-Kirche.

Die Tour setzt man nun in nördlicher Richtung ab der Schranke fort und es geht weiter auf dem Waldweg, der parallel zur **Landstraße (7)** zurück zum Wanderparkplatz führt.

053mu-rf

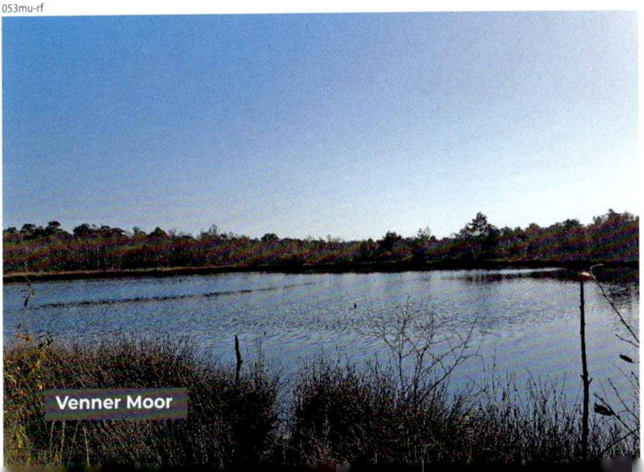

Venner Moor

Tour 19
Von Havixbeck zum Mordkreuz

Alteingesessene Havixbecker, Billerbecker und andere Dorf- und Stadtbewohner in der Gegend nennen die Baumberge Bomberge. *Fritz Westhoff*, Biologe, Heimatforscher und Schriftsteller, geboren 1857 in Münster, erklärte den Namensbestandteil „Bom" damit, dass er wohl aus dem Wort „Boden" entstanden ist, einer Verschmelzung aus „Bo Odin". *Odin* war in der nordischen Mythologie der Göttervater, der Gott des Krieges. Göttervater *Odin* in den Baumbergen? Eine interessante Vorstellung, aber ... man weiß es einfach nicht.

Die Tour führt durch die östlichen **Baumberge.** Auf der Rundstrecke passiert man den **Baumberger Kreuzweg** und die **Tilbecker Landwehr.** Start- und Endpunkt der Wanderung ist der Bahnhof in Havixbeck. Im Kreis Coesfeld zwischen den Städten Münster und Coesfeld gelegen sind die Baumberge mit 188,7 Metern der **höchste Höhenzug** des Münsterlandes.

055mu-rf

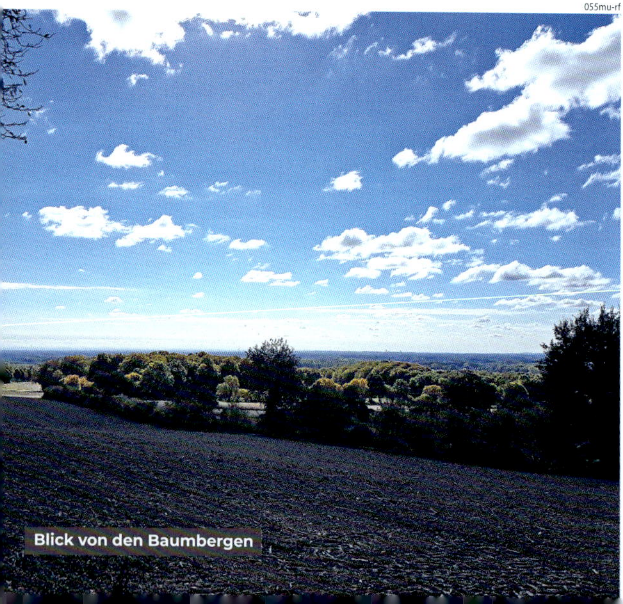

Blick von den Baumbergen

Kurze Informationsübersicht

Länge: 13,8 km
Gehzeit: 3,5 Std
MITTELSCHWER

Ausgangsort: 48329 Havixbeck
Startpunkt: Bahnhof Havixbeck, GPS N 51.96820, E 7.40347
Einkehrmöglichkeit: Hotel Café Pannkokenhus Teitekerl, Lasbeck 43, 48329 Havixbeck, Tel. 02507/1270, www.teitekerl.de, geöffnet Mi–Mo 11–20 Uhr, Di Ruhetag. Spezialität des Hauses sind die leckeren Pfannkuchen.
Anfahrt: Über A43 Ausfahrt Senden, dann L550 nach Havixbeck und dort zum Bahnhof
ÖPNV: RB 63, Münster bis Havixbeck Bahnhof

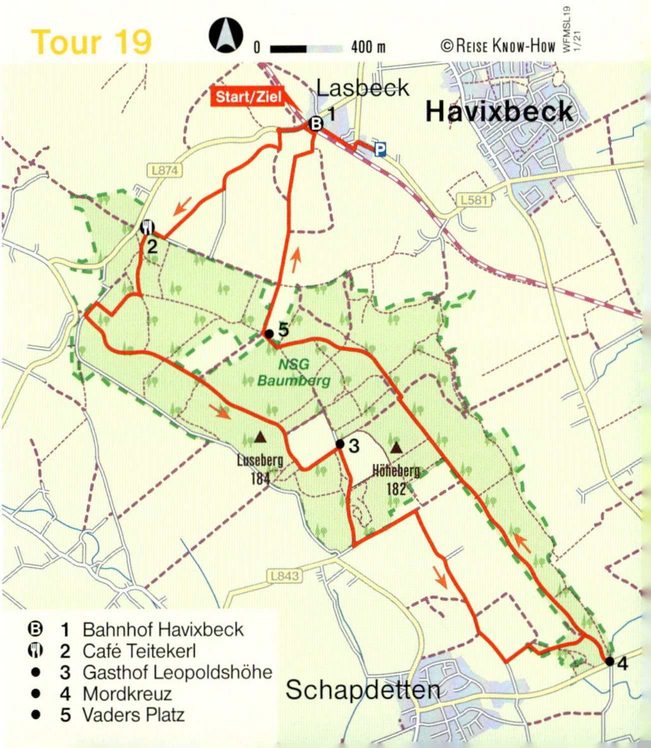

Wegbeschreibung

Man geht vom Parkplatz in Richtung **Bahnhof Havixbeck (1)**, dann rechts an der Bahnlinie entlang bis zur Freiherr-von-Twickel-Straße. Nun überquert man die Bahnlinie, biegt bei der nächsten Möglichkeit links ab in die Straße Lasbeck (X4) und nähert sich dem Waldrand. Man erreicht dort den Baumberger Kreuzweg, dem man nach rechts bis zum **Café Teitekerl (2)** folgt. Vor dem Café biegt man links ab (X4) und geht in den Wald. Hier kann man auch das Zeichen für den Ludgerusweg sehen.

An der folgenden Wegkreuzung biegt man rechts ab und nähert sich dem Waldrand. Am folgenden asphaltierten Weg geht es links weiter Richtung Parkplatz, auf dem auch eine Info-Tafel steht. Nun wechselt man nach links (A5) und geht weiter geradeaus durch den Teil der Baumberge, den man auch als Steverberge kennt, bis man zu einer Lichtung gelangt. Dort erscheint schräg links der ehemalige **Gasthof Leopoldshöhe (3)**. Am ehemaligen Gasthof biegt man rechts ab (X) und geht nun bergab bis zur Wegkreuzung, an der man sich links wieder bergauf bewegt (X, A3). An der Stelle, wo der markierte Weg geradeaus weitergeht, biegt man rechts ab und folgt der Straße. Dabei passiert man zwei Bauernhöfe, und setzt den Weg, der jetzt wieder leicht bergab geht, fort. Nach etwa einem halben Kilometer biegt man nach links ab und nähert sich jetzt wieder dem Waldrand. Dort geht man gleich rechts und befindet sich nun auf einem wallartig verlaufenden Weg, der stetig bergab Richtung Straße verläuft. Kurz vor Erreichen der Landstraße kann man links im Wald das **Mordkreuz (4)** sehen.

Man kehrt nun um und geht auf der Landwehr leicht bergauf (X). Der nach etwa drei Kilometern unmarkierte, schwerer erkennbare Weg mündet nach einem Linksbogen in einen breiteren, der mit X und A3 bezeichnet ist. Diesem folgt man

Der **Baumberger Kreuzweg** wurde 1990 errichtet. Er besteht aus 14 Wegebildern zwischen den Gemeinden Havixbeck und Nottuln. Die Reliefs des Bildhauers *Joseph Krautwald* aus Ibbenbürener Sandsteinblöcken thematisieren den **Leidensweg Christi.**

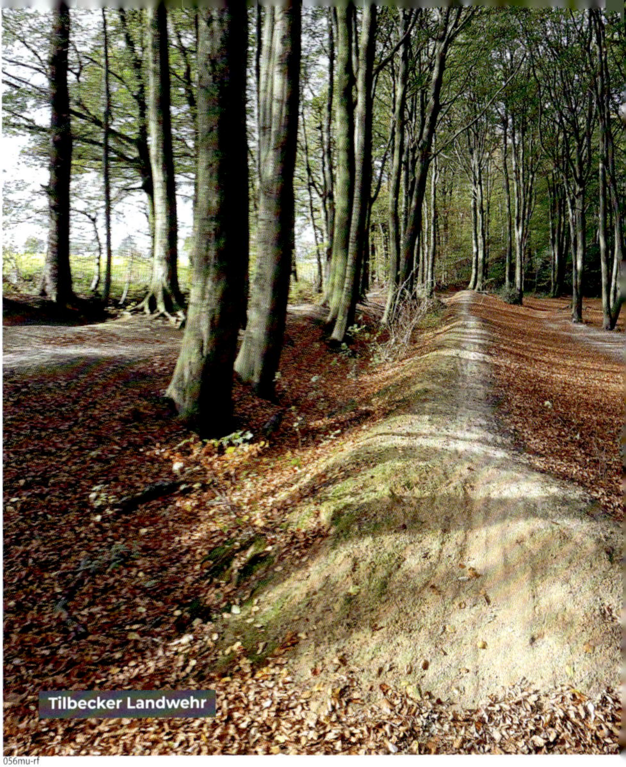

056mu-rf

nach rechts und erreicht bald **Vaders Platz (5),** einen Rastplatz mit einem Gedenkstein für *Josef Vaders,* Vorsitzender des Baumbergevereins (1898–1931).

Von Vaders Platz folgt man bergab dem Weg nach Havixbeck (X). Dabei passiert man rechts am Waldrand die Bruder-Klaus-Kapelle, eine 1987 zu Ehren des Einsiedlers *Bruder Klaus* errichtete Gebetsstätte mit herrlichem Ausblick auf die münsterländische Parklandschaft.

Im Teil der Baumberge zwischen Schapdetten, Tilbeck, Nottuln und Havixbeck befindet sich eine ausgedehnte Landwehranlage, die **Tilbecker Landwehr.** Diese aus dem Mittelalter stammende Form der **Grenzbefestigung** besteht aus zwei parallel verlaufenden Wällen, die sich auf mehreren Kilometern Länge durch die Baumberge ziehen.

Das Mordkreuz von Tilbeck

Das Mordkreuz von Tilbeck ist ein **denkmalgeschütztes Kreuz** aus Sandstein. Es steht zwischen dem Nottulner Ortsteil Schapdetten und dem Stift Tilbeck. Das Kreuz erinnert an den Mord an einer „Meierschen“ (Ehefrau eines Meiers, der einen Bauernhof als Pächter bewirtschaftet, wenn kein Hoferbe vorhanden ist) aus Tilbeck. Heute findet man es direkt am Beginn des Baumberger Ludgeruswegs. Das stark verwitterte Kreuz aus **Baumberger Sandstein** stammt aus dem Jahr **1164** und wurde im Jahre 1764 restauriert. Es befindet sich auf einem zweistufigen Sockel, wobei die obere Sockelstufe wahrscheinlich aus dem Jahr 1764 stammt, als das Kreuz restauriert wurde. Dieses wurde mit eisernen Klammern an der oberen Stufe angebracht. Die untere Sockelstufe aus Beton wurde aufgestellt, als das Kreuz während des Straßenbaus umgesetzt wurde.

Warum heißt das steinerne Kreuz „Mordkreuz"? Um das Mordkreuz von Tilbeck rankt sich eine blutrünstige Sage. Es wurde erzählt, dass eine recht wohlhabende Frau vom Hofe *Schulze-Tilbeck*, die **Mersche Tilbeck,** zusammen mit anderen Gästen und einigen Landsknechten in einer Kneipe Bier trank. Als sie bezahlen wollte, klimperte es in ihrem Beutel, was zwei der Männer aufhorchen ließ. Sie beschlossen, die Frau im Wald auszurauben. Sie stellten ihr nach, ermordeten sie. In dem Geldbeutel fanden sie aber nur Schuhnägel, die geklimpert hatten. Die Mörder wurden gefasst und zum Tode am Galgen verurteilt. An den Mord erinnert heute noch das Kreuz mit einer lateinischen Inschrift.

057mu-rf

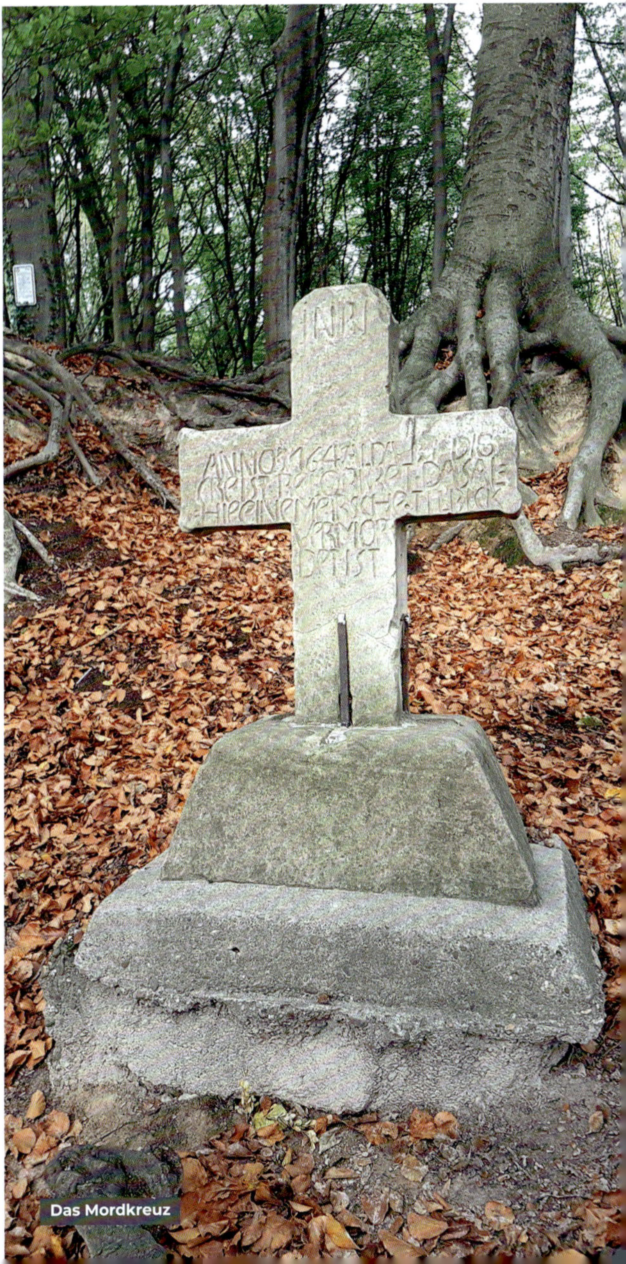

Das Mordkreuz

Tour 20
Billerbeck und die Baumberge

Auf dieser Tour durch das Naturschutzgebiet der Baumberge passiert man den Longinusturm. Wer den Turm besteigt, wird mit einer spektakulären Aussicht belohnt. Start- und Endpunkt dieser Wanderung ist das Städtchen Billerbeck, das schon immer eine wichtige Station des christlichen Glaubens im Münsterland war.

Ein geschichtsträchtiger Ort und auch erstmals 1541 urkundlich erwähnte **Gedenkstätte** ist der historische **Ludgerus-Brunnen** am nördlichen Rande von Billerbecks Altstadt, wo der *Heilige Ludgerus* gläubige Christen getauft haben soll. Der Brunnen ist auch deshalb ein Erinnerungsort, weil der Bischof und spätere Kardinal *Clemens August von Galen* im Jahr 1936 dort seine erste öffentliche Rede gegen den Nationalsozialismus gehalten hat. Der Brunnen steht für Toleranz und einen freien Glauben, gegen Unterdrückung und Diskriminierung.

058mu-rf

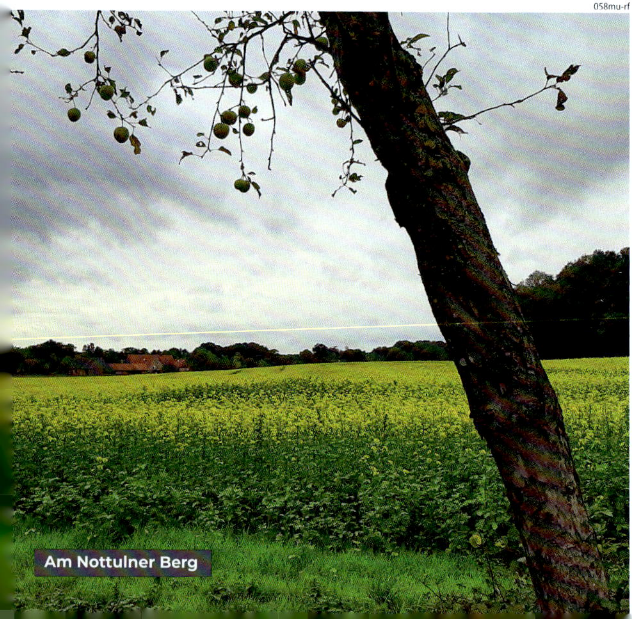

Am Nottulner Berg

Kurze Informationsübersicht

Länge: 15 km
Gehzeit: 4 Std.
MITTELSCHWER

Ausgangsort: 48727 Billerbeck
Startpunkt: Billerbeck, Parkplatz Zur Berkelquelle, GPS N 51.96902, E 7.30508
Einkehrmöglichkeit: Café im Longinusturm, Baumberg 45, 48301 Nottuln, Tel. 02502/4837190, www.longinusturm.com, Fr/Sa 14.30–18 Uhr, So 12.30–18 Uhr. Leckere Kuchen.
Anfahrt: A43, Ausfahrt Nottuln, dann über Nottuln nach Billerbeck, am Ortseingang von Billerbeck links in die Straße Dörholt bis zum Parkplatz.
ÖPNV: S60, Münster bis Nottuln, dann T67 bis Billerbeck, Abzweig Nottuln

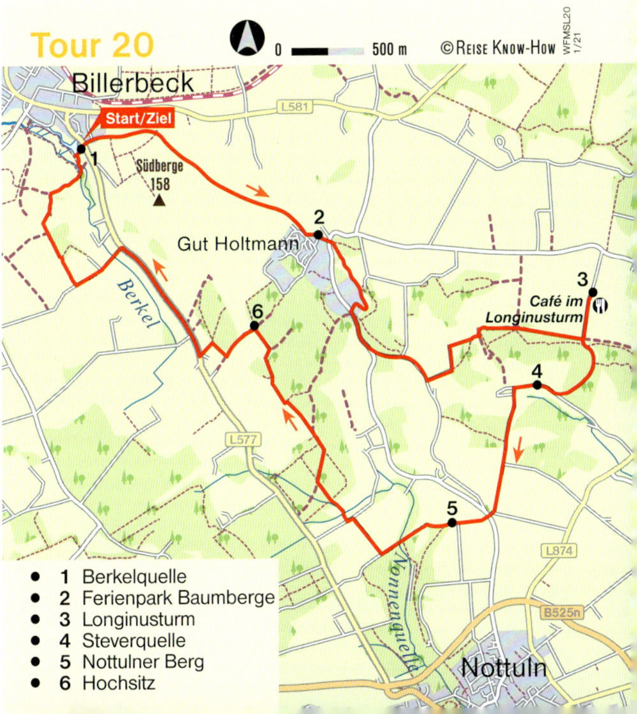

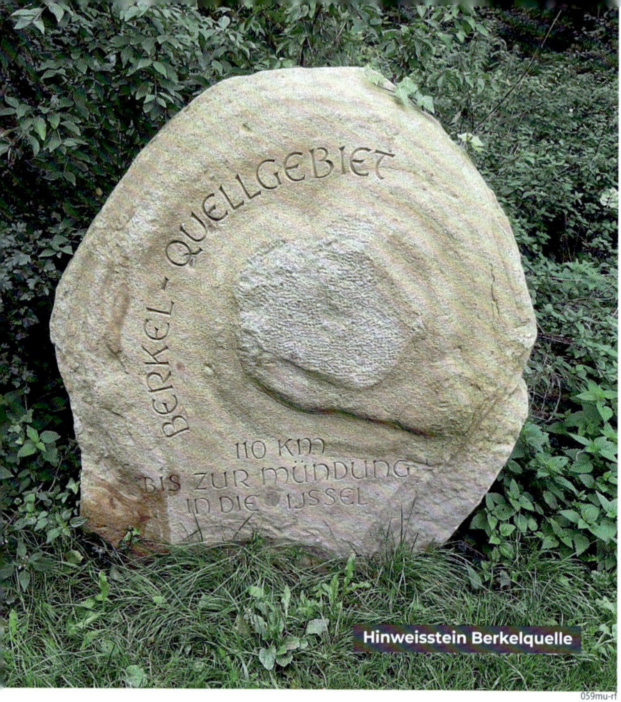

Hinweisstein Berkelquelle

059mu-rf

Wegbeschreibung

Am Parkplatz findet man eine Hinweistafel zur **Berkelquelle (1).** Vor dem Weiher, in dem sich die Quelle befindet, geht man zur Nottulner Straße, überquert sie und geht bergan auf dem B8 (erst 100 Meter nach links, dann rechts abbiegen). Man folgt dem B8, bis man den **Ferienpark Baumberge (2)** erreicht. Man geht links am Haupteingang mit Restaurant vorbei, erreicht die Kreisstraße nach Nottuln, und überquert diese. Dahinter wechselt man im folgenden Wäldchen auf einen schmalen Weg und folgt diesem geradeaus bis zu dessen Ende und den ersten Ferienhäusern. Auf dem Hauptweg durchquert man die Anlage, folgt ihm durch eine Rechts- und eine Linkskurve leicht bergab, und erreicht schließlich wieder die Straße nach Nottuln nach Passieren einer Schranke. Nun folgt man der Straße nach links bis zu einem kleinen Parkplatz. Dahinter geht man links ein kleines Stück bergauf und auf einen Bauernhof zu. Davor biegt man links ab und folgt dem X, A4.

Der Weg führt nun am Waldrand entlang bis zu einer Wegkreuzung, an der man links zum **Longinusturm (3)** kommt. Der Longinusturm ist ein 32 Meter hoher Aussichtsturm auf dem Westerberg, der höchsten Erhebung der Baumberge.

Vom Turm geht man zurück zum Wald und folgt dem Weg bergab (A4). Der ist jetzt asphaltiert (A1, A4) und führt in einem Bogen durch den Wald und mündet in eine Straße, auf der es rechts weitergeht. Gegenüber auf der anderen Straßenseite liegt ein Bauernhof. Auf dessen Gelände befindet sich die **Steverquelle (4),** die nicht öffentlich zugänglich ist. Man geht weiter geradeaus, biegt dann links ab und folgt der Straße bergauf gehend (A4). Man überquert nach einem Kilometer die nächste Straße, an der sich eine Bushaltestelle befindet. Geradeaus weiter hat man den **Nottulner Berg (5)** erreicht.

Man bleibt auf dem A4, überquert den Nonnenbach, geht geradeaus weiter bis zu einem Hinweis zu einer Gaststätte und biegt hier rechts ab. Nach einem Links- und Rechtsknick erreicht man den Wald. Dann geht es schräg rechts auf dem Waldweg weiter. An der folgenden Gabelung nimmt man den linken Weg. Man passiert einen Bildstock und bleibt auf dem A4, bis dieser Weg links abknickt. An dieser Stelle befindet sich ein **Hochsitz (6).** Man biegt hier links ab. Kurz vor einem Bauernhof biegt man nach rechts ab und nach rund 100 Metern wieder links bis zur Landstraße. Nun folgt man der Landstraße nach rechts bis zur übernächsten Abbiegung nach links, die nach rund einem Kilometer erreicht ist. Hier biegt man zunächst links ab, bevor man nach knapp 500 Metern rechts in einen Feldweg einbiegt. Der Feldweg führt leicht bergauf; nach etwa 200 Metern zweigt rechts der B3 ab und führt zurück zur Berkelquelle und zum Ausgangspunkt.

Ein Blick vom Longinusturm bietet eine wunderbare Aussicht auf bewaldete Hügel, Felder und Wiesen, und dazwischen als Blickpunkte, auf Bauernhöfe aus gelbem Sandstein. Schon im Mittelalter bevorzugten Bauherren den **Baumberger Sandstein,** auch Marmor des Münsterlandes genannt. Zwei Steinbrüche sind heute noch in Betrieb.

Tour 21

Durch die Rekener Berge

Die geografische Lage Rekens trägt zur Attraktivität der Stadt bei, deren Wirtschaft durch landwirtschaftliche Betriebe und kleine Handwerksbetriebe geprägt ist. Die höchste Erhebung der Rekener Berge, die auch Rekener Schweiz genannt werden, ist mit 133,8 Metern der Melchenberg.

Die Wanderung beginnt und endet im Ortsteil **Groß Reken.** Auf der Tour kommt man an einer schönen **Windmühle** vorbei, die auch ein Heimatmuseum beherbergt. Die Stadt Reken besteht aus den ca. 5,5 Kilometer voneinander entfernt liegenden Ortsteilen Klein Reken und Groß Reken. Sie ist ein staatlich anerkannter **Erholungsort** mit zahlreichen Freizeitmöglichkeiten in den Rekener Bergen, einem Höhenzug, der sich unmittelbar nördlich Groß Rekens an den Naturpark Hohe Mark anschließt.

Adobe Stock © Nina

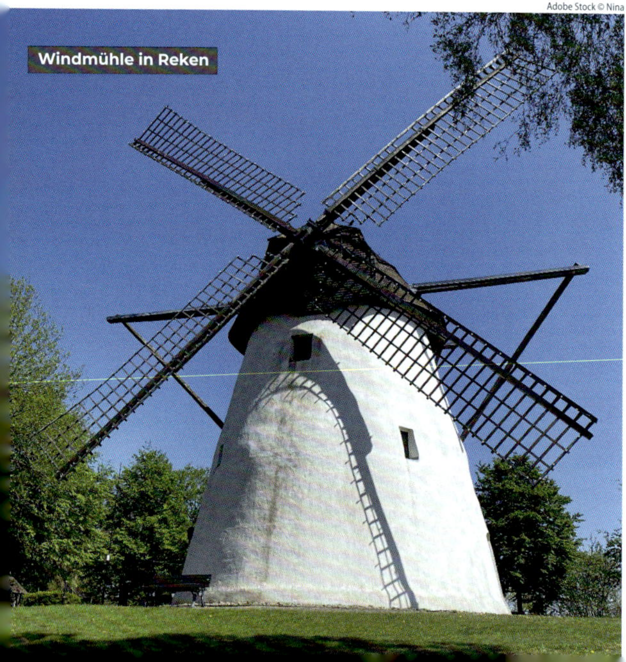

Windmühle in Reken

Kurze Informationsübersicht

Länge: 8,9 km
Gehzeit: 2,5 Std.
MITTELSCHWER

Ausgangsort: 48734 Reken
Startpunkt: Groß Reken, Berghotel Hohe Mark, GPS N 51.83727, E 7.05275
Einkehrmöglichkeit: Berghotel Hohe Mark, Werenzostr. 17, Groß Reken, Tel. 02864/9519595, www.berghotel.nrw, geöffnet Mo–Fr ab 15 Uhr, Sa/So ab 12 Uhr. Schwäbische und mediterrane Küche.
Anfahrt: Über die A31, Ausfahrt Borken, dann rechts in die B67 bis zur Ausfahrt Reken, am Ortsanfang rechts in die Werenzostraße und bis zum Berghotel
ÖPNV: S75, Münster bis Groß Reken, Hartmannshöhe

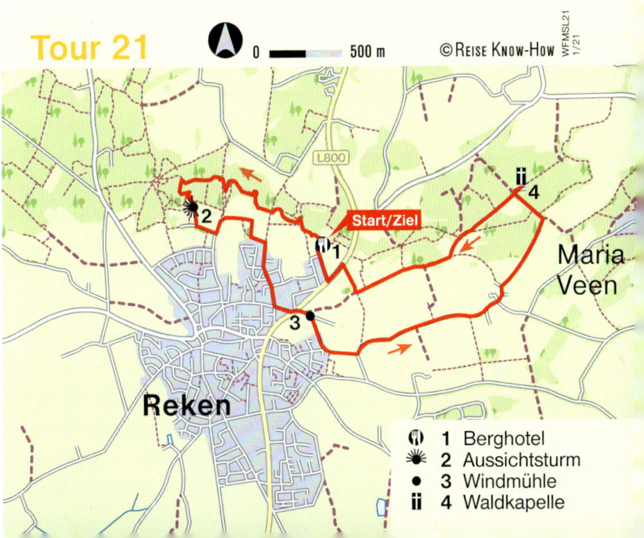

Wegbeschreibung

Man startet am Parkplatz am **Berghotel (1)** und geht auf einem Waldweg mit der Markierung A1 in den Wald, wo man einen Informationsstand über Holzarten passiert. Der Weg geht nun am Waldrand entlang und führt durch eine spitze Kurve. Dann kreuzt man den A4 und kommt an einem Gelände vorbei, das mit einem Metallzaun abgegrenzt ist. An der folgenden Weggabelung folgt man dem A3 links bergauf. Den **Aussichtsturm (2)**, der links passiert wird, erreicht man über mehrere kleinere Serpentinen. Vorne an der Weggabelung folgt man links dem A4, dann geht es nach einem weiteren Linksknick auf dem A8 weiter. Man bleibt auf dem A8, bis die ersten Häuser erreicht werden. Hier wechselt man auf den Pfad nach links bis vor zum Riesweg und folgt ihm rechts, bis der Lindenweg quert und man schließlich, sich links haltend, an die Coesfelder Straße kommt, die man überquert. Dann folgt man dem Hinweisschild Richtung **Windmühle (3)**, die ein Heimatmuseum beherbergt. Man bleibt nun auf dem A1 und lässt die Windmühle links hinter sich. Dann geht es auf

061mu-rf

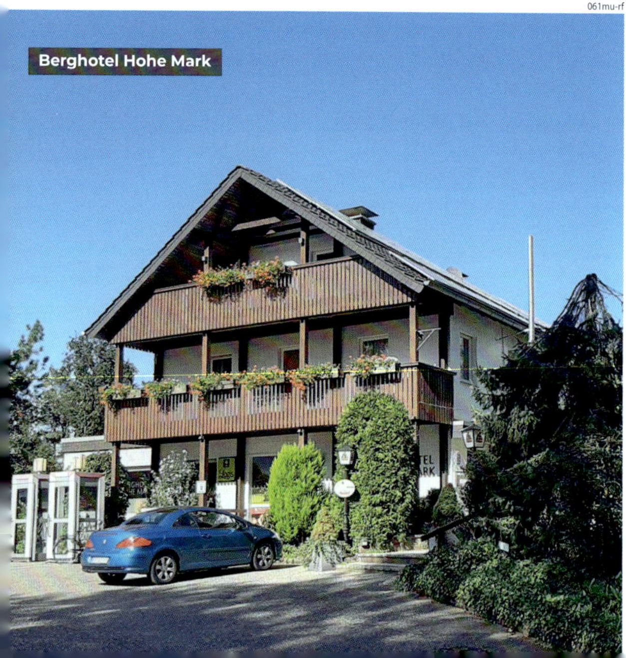

Berghotel Hohe Mark

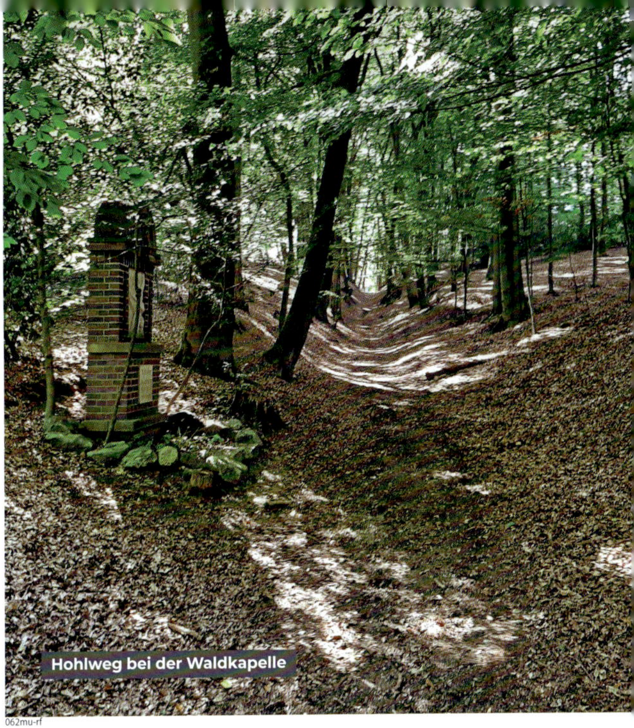

Hohlweg bei der Waldkapelle

062mu-rf

dem A1 weiter bis zu einer Wegkreuzung, wo man zuerst links und dann rechts dem A3 folgt. Der Weg führt jetzt bergauf an drei Gebetsstöcken vorbei, bis eine Straße erreicht wird, die man überquert und dem Weg zur **Waldkapelle (4)** weiter folgt (X). Diese Gebetsstöcke sind Teil des Rekener Kreuzwegs, der am Karfreitag von Gläubigen begangen wird und als Rundweg mit der Waldkapelle als Ausgangspunkt angelegt ist. Die Wanderung wird dann auf dem A4 fortgesetzt. Am Beginn dieses Weges befindet sich ein Gedenkstein. Nun ist der Weg wiederum gesäumt von Gebetsstöcken und verläuft durch einen Hohlweg.

An einem weiteren Gebetsstock geht es zunächst schräg links auf dem A5 und dann gleich rechts auf dem A2 weiter. Man befindet sich nun auf einem sandigen Weg und geht geradeaus auf dem X und dem A2. An der nächsten Wegkreuzung folgt man rechts dem Weg bis zur Straße, geht dann links und wieder rechts in die Werenzostraße, die zum Ausgangspunkt zurückführt.

Tour 22
Durch die Steverauen bei Olfen

Auf dieser herrlichen Tour können Wanderer in den renaturierten Steverauen bei Olfen die einzigartige **Auenlandschaft** genießen. Ausgesetzte halbwilde Herden von Heckrindern und Pferden können in der Auenlandschaft ebenso bewundert werden wie seltene **Poitou-Esel.** Auch Störche, Eisvögel, Wildgänse sowie viele andere Vögel und Insekten sind dort wieder heimisch geworden.

Adobe Stock © Christian

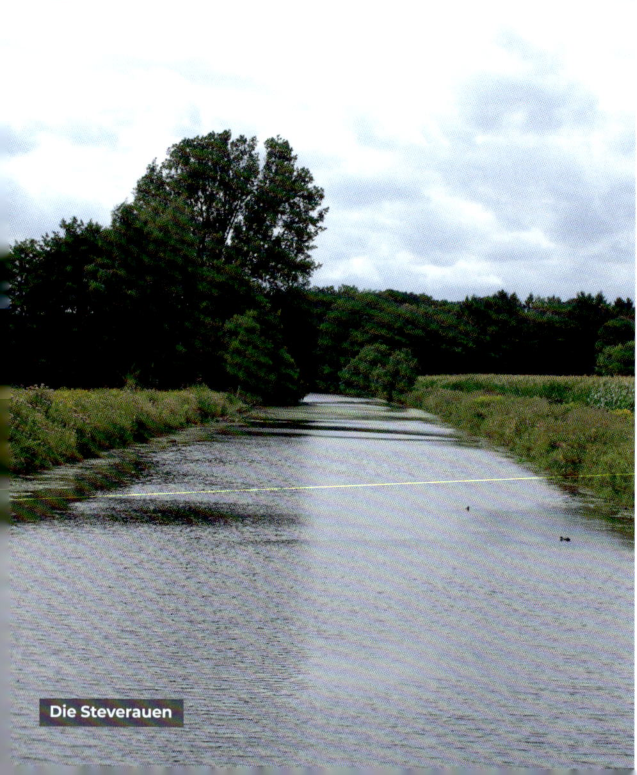

Die Steverauen

Kurze Informationsübersicht

Länge: 8,1 km
Gehzeit: 2 Std.
LEICHT

Ausgangsort: 59399 Olfen
Startpunkt: Füchtelner Mühle, Kökelsumer Straße 66, GPS N 51.72318, E 7.35558
Einkehrmöglichkeiten: Landhaus Füchtelner Mühle, Kökelsumer Str. 66, 59399 Olfen, Tel. 02595/430, www.fuechtelner-muehle.de, geöffnet Mi–Fr ab 14 Uhr, Sa/So ab 11.30 Uhr, Mo/Di Ruhetag. Kaffee, Kuchen, Westfälische Küche; Kökelsumer Bauernladen und Hofcafé, Kökelsum 2, 59399 Olfen, Tel. 02595/107, www.koekelsumer-bauernladen.de, geöffnet Di–So 9–17 Uhr. Gutbürgerliche Küche und Kuchen.
Anfahrt: Über B235, Ortsmitte Olfen, Kökelsumer Straße rechts abbiegen, zum Parken rechts am Gasthof vorbei und bis zur Floß-Anlegestelle vorfahren
ÖPNV: Keine Verbindung

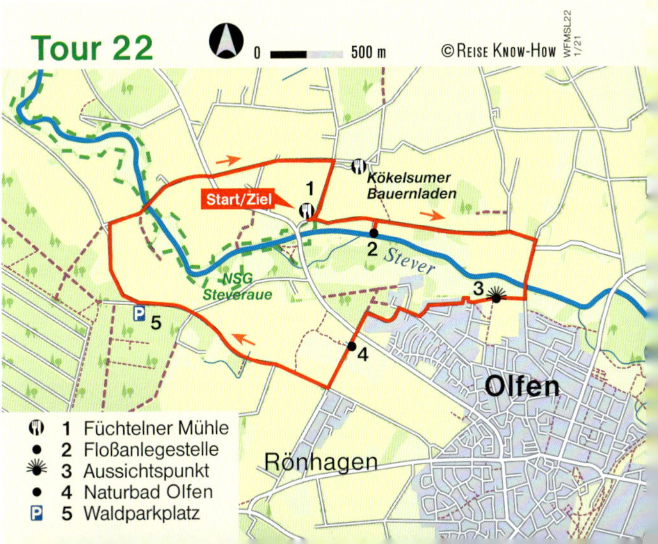

Wegbeschreibung

Man beginnt die Wanderung am Restaurant **Füchtelner Mühle (1)** und geht parallel zur Stever bis zur **Floßanlegestelle (2)**, von wo man einen schönen Blick über die Auenlandschaft hat. Es geht der Straße nach rechts folgend bis zur Weggabelung, dann rechts weiter über die Steverbrücke. Dahinter biegt man rechts ab auf den schmalen Weg und erreicht sogleich einen **Aussichtspunkt (3).** Dann geht es an einer Wiese mit Wildpferden entlang. Der Weg ist hier markiert mit blauen Pfählen (Radwanderweg Steveraue) und verläuft zunächst durch die Straße Heidkamp, die nach einem Linksknick in die Straße Sternbusch übergeht, bis man nach zwei weiteren Linksabbiegungen die Kökelsumer Straße am **Naturbad Olfen (4)** überquert und durch eine Allee wandert. Dann verlässt man die Allee und biegt nach rechts in die Straße Alter Postweg ab. Man kommt an einem rechts liegenden Bauernhof vorbei und bleibt auf dieser Straße, bis man nach knapp einem halben Kilometer eine Gabelung erreicht, die kurz vor einem **Waldparkplatz (5)** liegt. Man hält sich hier wie auch bei der dann folgenden Gabelung rechts. Dann überquert man die Stever erneut und bleibt auf dieser Straße bis zum Kökelsumer Bauernladen, wo sich noch eine Einkehrmöglichkeit bietet. Danach hält man sich rechts in Richtung Füchtelner Mühle und kommt zurück zum Ausgangspunkt.

065mu-rf

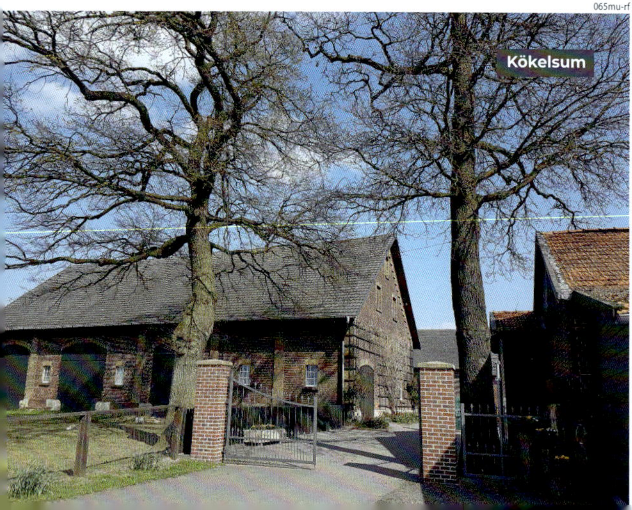

Kökelsum

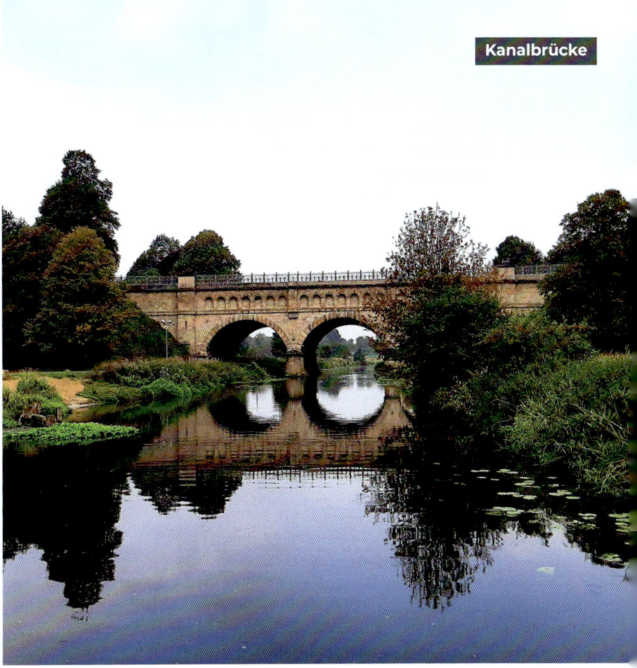

Kanalbrücke

064mu-rf

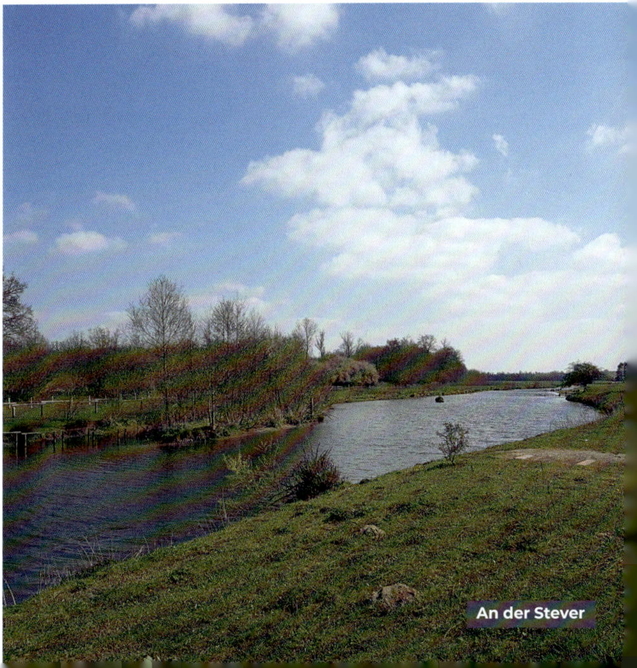

An der Stever

066mu-rf

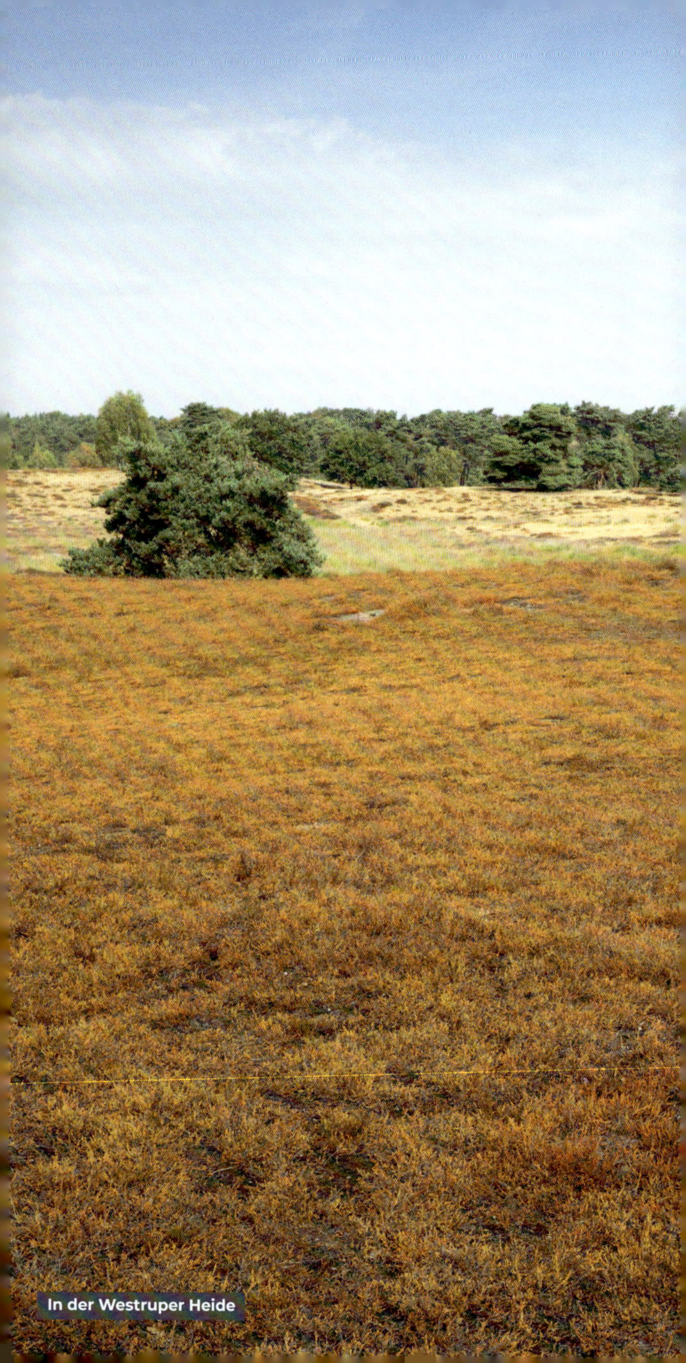

In der Westruper Heide

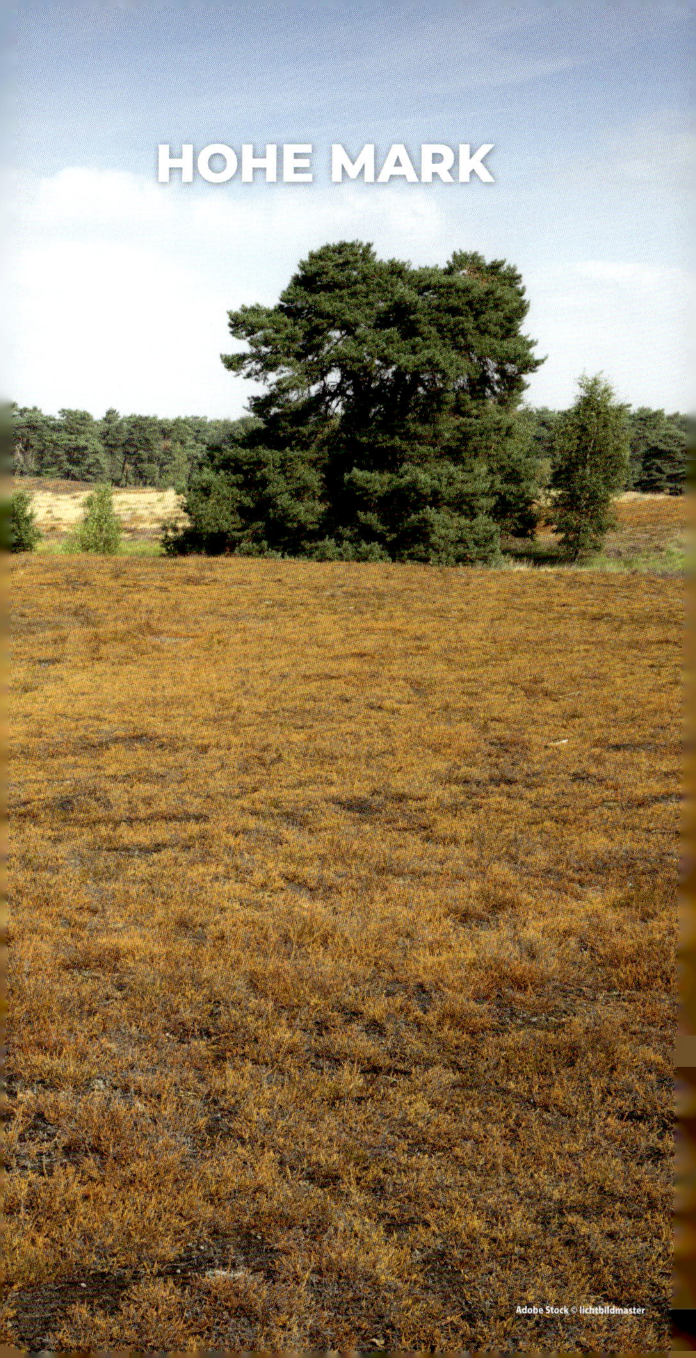
HOHE MARK
Adobe Stock © lichtbildmaster

Tour 23
Zum Galgenberg

Der Galgenberg ist mit 122 Metern eine der höchsten Erhebungen im Naturpark Hohe Mark. Der dort stehende Feuerwachturm hat eine Höhe von 39 Metern und ist bis zu einer Aussichtsplattform auf 36 Metern begehbar. Von oben genießt man eine beeindruckende Aussicht über die Baumwipfel hinweg.

Ausgehend vom **Ausflugslokal Waldschenke** verläuft die Rundwanderung über das **Weiße Kreuz** und den beeindruckenden **Feuerwachturm** zur **Biologischen Station.** Danach geht es weiter zum Napoleonsweg, schließlich endet die Wanderung wieder an der Waldschenke.

016mu-rf

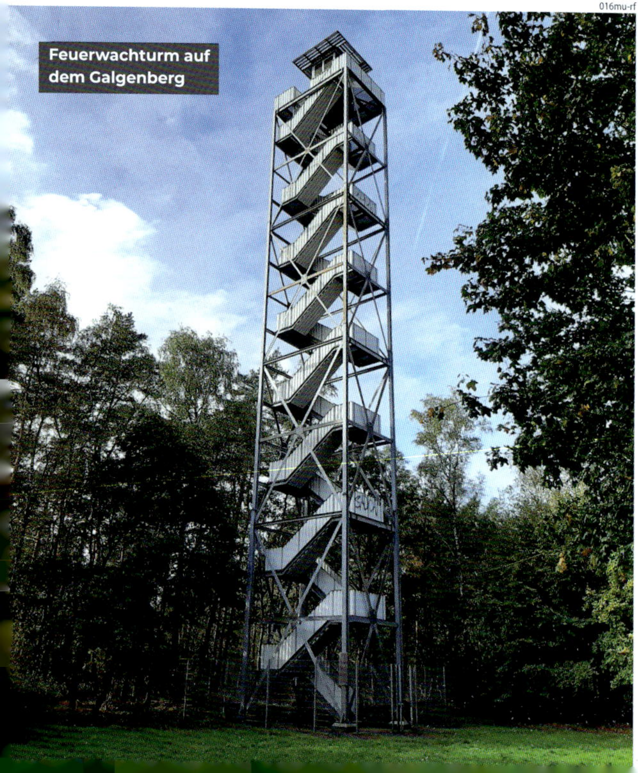

Kurze Informationsübersicht

Länge: 11,2 km
Gehzeit: 3 Std.
MITTELSCHWER

Ausgangsort: 45721 Haltern am See
Startpunkt: Restaurant Waldschenke Hohe Mark, GPS N 51.75367, E 7.08153
Einkehrmöglichkeit: Waldschenke Hohe Mark, Im Holt 300, 45721 Haltern am See, Tel. 02360/105699, Di–So 11–22 Uhr, Mo Ruhetag. Deutsche und asiatische Küche.
Anfahrt: Anfahrt über die A43, Ausfahrt Haltern, dann B58 Richtung Wulfen, an der Kreuzung rechts Richtung Lembeck, nach etwa 3 Kilometern rechts abbiegen bis zur Hinweistafel „Waldschenke", Parken auf dem dortigen Parkplatz
ÖPNV: Keine Verbindung

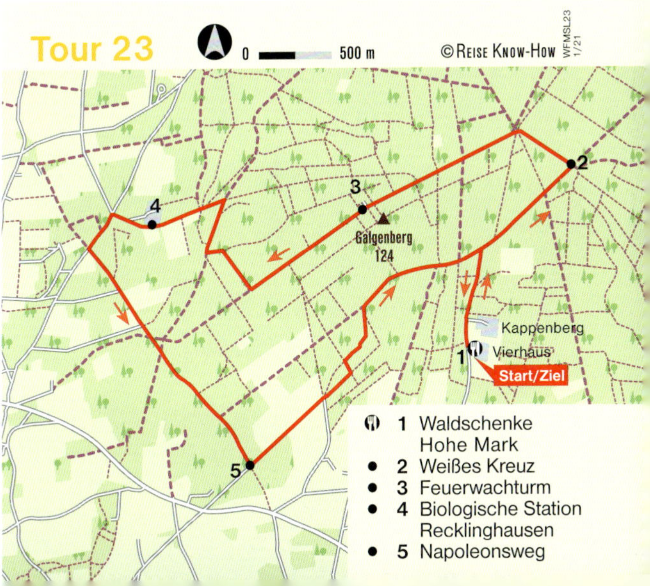

Wegbeschreibung

Die **Waldschenke Hohe Mark (1)** markiert den Startpunkt. Von hier geht es rechts bis der Wanderweg A1 schräg rechts abknickt. An dieser Stelle befand sich einst die Napoleonbuche. Nun trifft man auf einen querenden Weg, von dort geht es geradeaus weiter, bis an der nächsten Kreuzung rechts das **Weiße Kreuz (2)** zu sehen ist. An dieser Kreuzung muss man links abbiegen (X, A1) und an der nächsten Kreuzung nochmals links (X, A3). Bald kommt rechts der **Feuerwachturm (3)** in Sicht. Um den Weg fortzusetzen, geht es geradeaus, dann biegt man rechts auf den A3 ab, der nach einem Linksknick in den querenden X9 mündet und dem man nach rechts folgt. An der dann folgenden Wegkreuzung hält man sich links und erreicht bald die **Biologische Station Recklinghausen (4)** auf dem ehemaligen Hof Punsmann, die sich den Erhalt der Biodiversität, der Vielfalt des Lebens von Flora und Fauna im Kreisgebiet Recklinghausen, zur Aufgabe gemacht hat. Die

017mu-rf

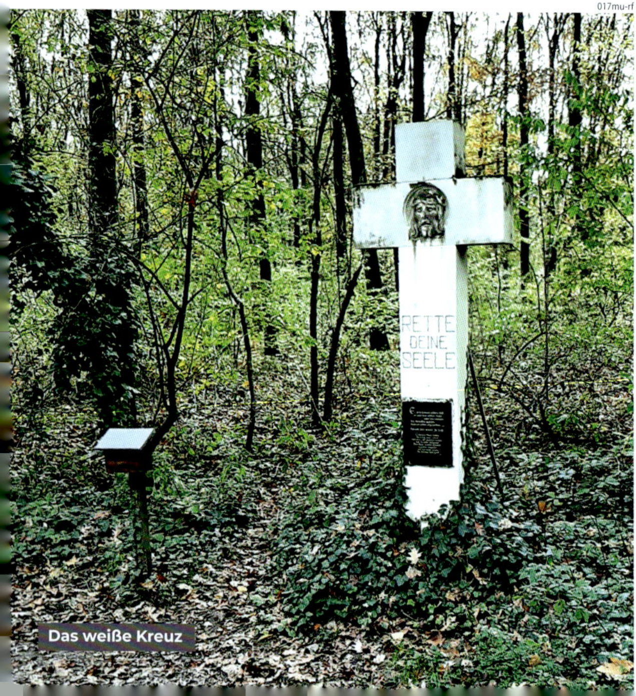

Das weiße Kreuz

Station ist von Montag bis Freitag geöffnet und bietet Informationsveranstaltungen zum Thema Naturschutz für Jung und Alt an (Tel. 02369/77505).

Um die Tour fortzusetzen, verlässt man die Biologische Station nach rechts, biegt dann links in die Straße Besenkamp ab, um bei der nächsten Gelegenheit wieder nach links in den Forstweg zu wechseln. Nun setzt man den Weg geradeaus fort und kommt nach etwa einem Kilometer an eine Wegkreuzung, die man überquert. Ab hier ist der Weg wieder mit A7 markiert. Man folgt dem A7 bis zum Waldparkplatz **Napoleonsweg (5),** nachdem man zuvor eine rot-weiße Schranke passiert hat. Nun wird die Tour links etwas bergauf fortgesetzt (A6). Man befindet sich jetzt auf dem Napoleonsweg. Nach rund einem Kilometer mündet der A6 in einen breiteren Waldweg, dem man nach rechts folgt (A5). Einen weiteren Kilometer später zweigt der A1 dann rechts ab und man kommt wieder zum Parkplatz der Waldschenke Hohe Mark und damit zum Ausgangspunkt zurück.

Die Napoleonbuche

„Glaubt man der Sage, so soll *Napoleon* auf dem Weg nach Russland im Schatten der 20 Meter hohen Buche gerastet haben. Als seine Soldaten ihm sieben feindliche Spione vorführten, ließ er diese an der Buche erhängen. Im Volksmund war diese Buche auch als **Seventelgen- oder Galgenbuche** bekannt. Unter ihr soll viele hundert Jahre lang ein Femegericht **Todesurteile** ausgesprochen und sie gleich darauf durch Erhängen im Baum vollstreckt haben. Ein **Femegericht** bestand aus dem Stuhlherrn – dem Vorsitzenden – und sieben Freischöffen, die die Urteilsfinder waren. Obwohl die Buche kein Naturdenkmal war, wurde sie in fast allen Wanderkarten der Hohen Mark erwähnt. Die Napoleonbuche stand am Napoleonweg, einer Heerstraße, die *Napoleon* von Paris bis nach Hamburg bauen wollte."

Quelle: Infotafel des Heimatvereins Lembeck 1922 e.V. vor Ort

Tour 24
Rund um den Hullerner See

Ursprünglich als Talsperre der Stever zur Wassergewinnung gedacht, entwickelte sich die Region zusammen mit dem Halterner Stausee zu einem der wichtigsten Freizeitzentren in der Region Rhein-Ruhr.

Diese Rundwanderung führt zunächst an der schönen **Stever** entlang. Anschließend geht es rund um den **Hullerner Stausee.** Von verschiedenen Aussichtspunkten kann man schöne Blicke auf den idyllischen See genießen.

Adobe Stock © lichtbildmaster

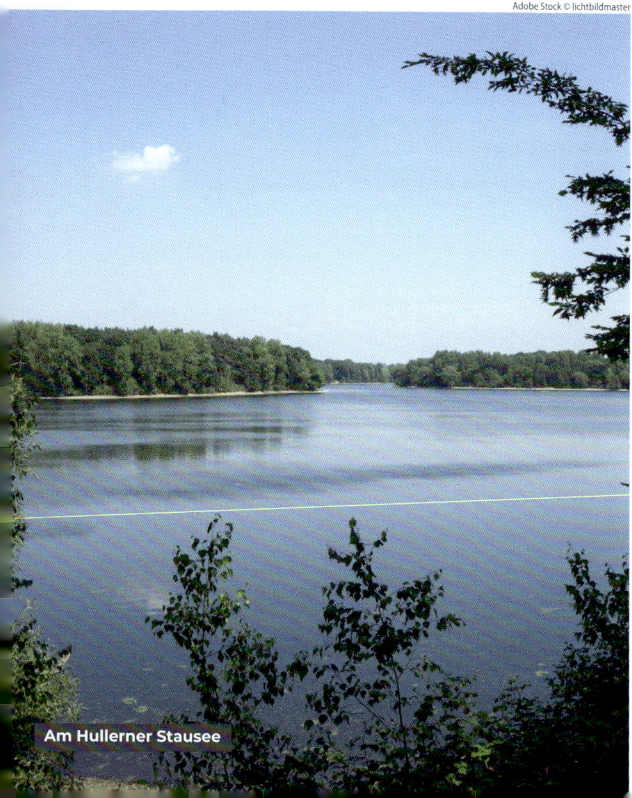

Am Hullerner Stausee

Kurze Informationsübersicht

Länge: 10,7 km
Gehzeit: 3 Std.
LEICHT

Ausgangsort: 45721 Haltern am See
Startpunkt: Haltern, Parkplatz am Stockwieser Damm, Einfahrt am Lakeside Inn, GPS N 51.74495, E 7.24367
Einkehrmöglichkeit: Heimingshof, An der Stever 7, 45721 Haltern am See, Tel. 02364/3509, www.heimingshof.de, geöffnet Di–Sa 11–23 Uhr, So und feiertags 10.30–22 Uhr, Mo Ruhetag, durchgehend warme Küche bis 22 Uhr. Der große Biergarten direkt an der Stever lädt Wandernde zu einer verdienten Rast ein. Steak- und Schnitzelvariationen sowie internationale Küche.
Anfahrt: Über A43 Ausfahrt Marl-Nord, dann L612 bis zum Parkplatz (etwa acht Kilometer)
ÖPNV: Bus 272 ab Bahnhof Haltern bis Abzweig Haus Niemen

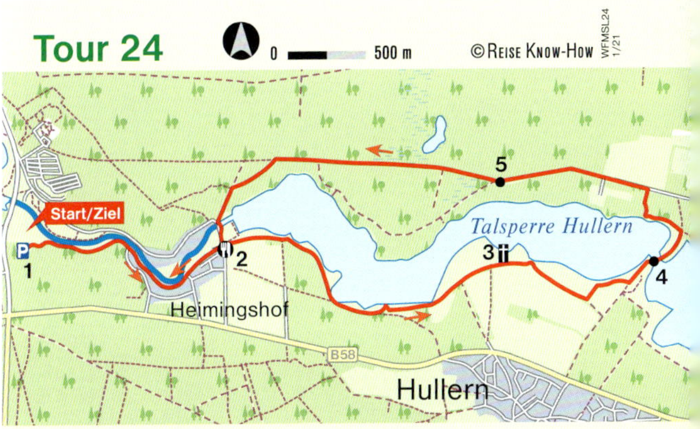

P 1 Parkplatz am Stockwieser Damm
2 Heimingshof
3 Kapelle
• 4 Brücke
• 5 Weggabelung

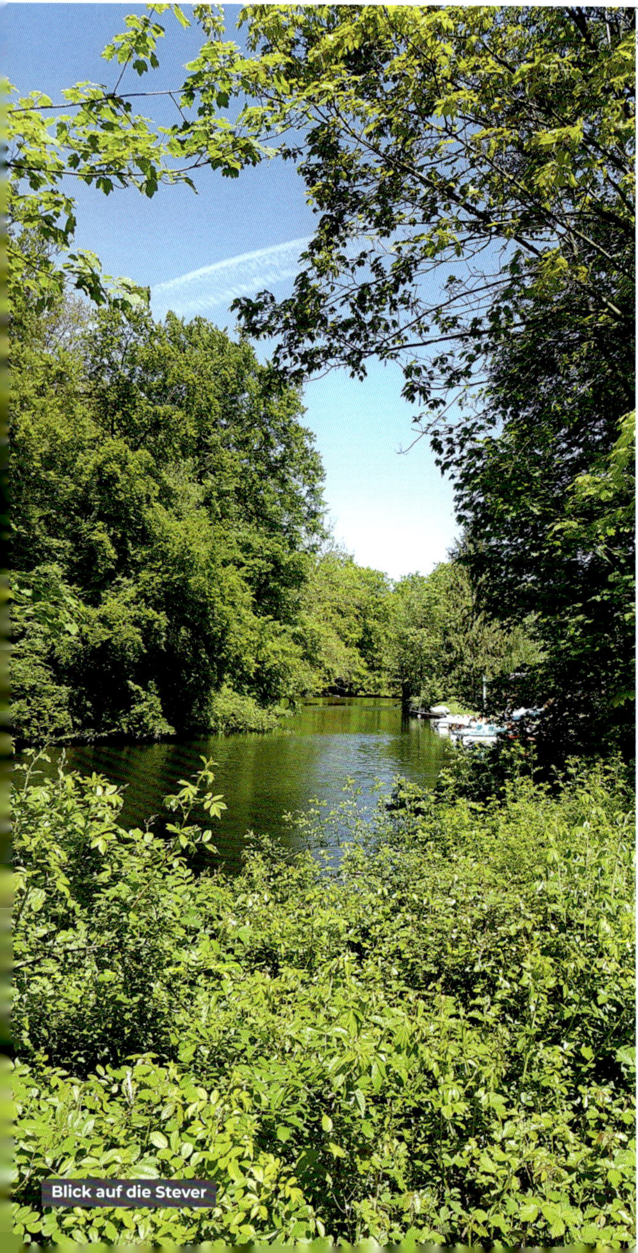

Blick auf die Stever

Wegbeschreibung

Vom **Parkplatz am Stockwieser Damm (1)** geht man nach links (X1) an der Stever entlang und erreicht nach kurzer Zeit die Ansiedlung **Heimingshof (2)** mit dem gleichnamigen Restaurant. Nun gabelt sich der Weg. Nach rechts führt dieser nach Hullern, man bleibt aber auf dem Weg in Ufernähe und geht am See entlang (A2). Kurz danach passiert man nacheinander einen Gebetsstock und eine **Kapelle (3).** Man trifft auf einen Radweg, dem man nach links folgt und der über eine **Brücke (4)** über den Stausee führt. Dann wechselt man an einer Kreuzung mit Unterstand nach links und folgt nun dem Weg (A2). An einer **Weggabelung (5)** mit grüner Schranke nimmt man den rechten Weg, der mit X, A2 markiert ist.

Der Weg biegt dann links ab (A1, A2) und geht in Richtung Heimingshof. Man kommt an die Brücke, die über die Stever führt. Dort befindet sich ein Wehr. Die Brücke wird überquert, danach geht es wieder rechts an der Stever entlang zurück zum Ausgangspunkt.

Naturerbefläche Borkenberge

Seit 2016 ist die DBU (Deutsche Bundesstiftung Umwelt Naturerbe GmbH) Eigentümerin der Fläche Borkenberge. Im Süskenbrocker Moor, einem Teil des Borkenberger Geländes, halten etwa 360 Bentheimer Landschafe und ein paar Ziegen die Pflanzen kurz. Die vierbeinigen „Landschaftspfleger", um die sich seit 1987 der Schäfer *Heinz-Josef Stratmann* kümmert, sorgen dafür, dass sich hier ein artenreicher, standortgerechter Wald entwickeln kann. Die Naturerbefläche Borkenberge ist ein **ehemaliger Truppenübungsplatz.** Hier haben auf 1769 Hektar Fläche Heidelandschaft, Moorgebiete und alte Laubwälder viel Raum. Im Vordergrund steht hier immer der Artenschutz, denn **schützenswerte Pflanzen** wie zum Beispiel der Sonnentau finden hier ihren Lebensraum genauso wie **Tiere,** die sonst eher selten sind, zum Beispiel Heidelerche und Nachtschwalbe.

Tour 25
Zum Stimberg

Auf dieser schönen Rundtour über den Stimberg kommt man an vielen Quarzit-Steinen vorbei. Start- und Endpunkt der Wanderung ist der Wanderparkplatz Gerneberg in Ahsen.

Der Stimberg ist mit 157 Metern die höchste Erhebung in der **Haard** im Naturpark Hohe Mark. Die Böden in der Haard stammen aus der Kreidezeit und sind überwiegend sandig. Die Sande, die sich hier in diesem Erdzeitalter ablagerten, sind **Meeressande,** die durch die Strömung von Flüssen mitgenommen wurden. So bildeten sich **Quarzite,** wie man am Stimberg gut beobachten kann. Als einziges festes Gestein in der Region wurde der Quarzit, auch als Stimberg-Quarzit bekannt, in Steinbrüchen abgebaut und in der Gegend als Baustein genutzt.

067mu-rf

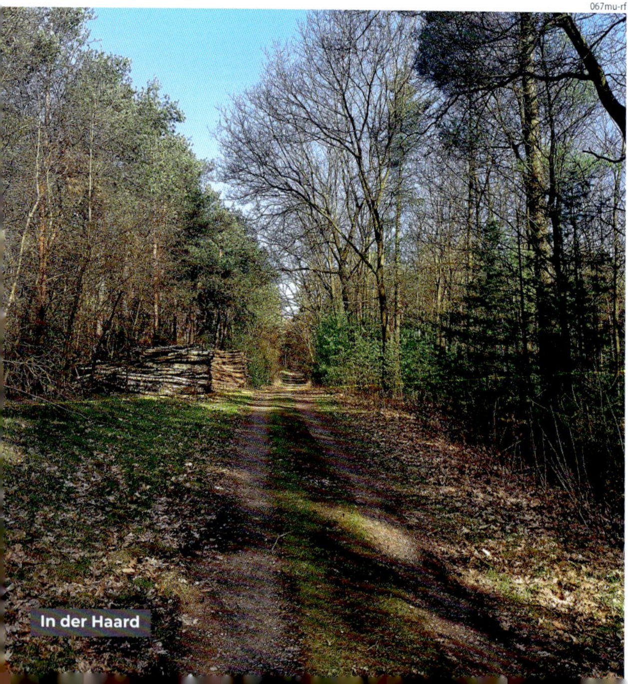

In der Haard

Kurze Informationsübersicht

Länge: 13,3 km
Gehzeit: 3,5 Std.
MITTELSCHWER

Ausgangsort: 45711 Datteln (Ahsen)
Startpunkt: Ahsen, Wanderparkplatz am Gerneberg, GPS N 51.69720, E 7.29950
Einkehrmöglichkeit: Jammertal Resort, Redder Str. 421, 45711 Datteln, Tel. 02363/3770, www.jammertal.de, geöffnet Mo–Fr ab 14 Uhr, Sa/So und feiertags ab 12 Uhr. Gehobene Küche, Kaffee, Kuchen.
Anfahrt: Über L809 von Datteln bzw. Haltern-Flaesheim, in Ahsen über den Wesel-Datteln-Kanal, rechts bis zum Parkplatz
ÖPNV: Keine Verbindung

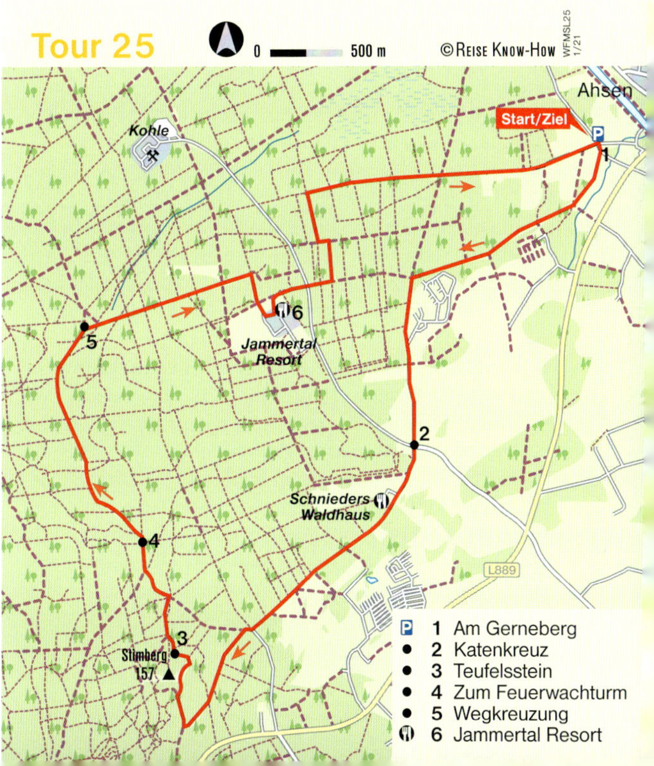

Wegbeschreibung

Es geht vom Parkplatz **Am Gerneberg (1)** über die Kreuzung nach Süden in den Ostlevener Weg, der kurz darauf rechts in einen Feldweg übergeht. Jetzt erreicht man den Wald und geht auf dem mit einer Raute gekennzeichneten Weg leicht bergauf weiter. Nach etwa 1,5 Kilometern passiert man eine rot-weiße Schranke und kommt an eine Wegkreuzung, wo man den Weg nach links fortsetzt (X, A1).

Links liegt ein umzäuntes Gelände, an dem man vorbeigeht. Dem asphaltierten Weg folgt man weiter, bis eine Straße mit dem Waldparkplatz **Katenkreuz (2)** kreuzt. Schräg gegenüber befindet sich ein Campingplatz. Man erreicht Schnieders Waldhaus und setzt den Weg auf dem X und dem A3 fort. Dann passiert man links einen Schuppen und kommt 400 Meter weiter an eine Weggabelung, an der ein Wegweiser aus Holz steht. Dort folgt man schräg rechts dem Weg X und wechselt sofort wieder schräg links in einen als Nordic-Walking-Strecke markierten Pfad. Nach ungefähr einem halben Kilometer geht dieser scharf rechts in einen breiteren Weg über, der bergauf führt, bis nach etwa zweihundert Metern der A7 rechts abgeht und zum **Teufelsstein (3)** führt, einem großen Quarzitblock.

Man folgt dem A7, der hier den Stimberg umrundet, verlässt den A7 nach ungefähr zweihundert Metern wieder und folgt schräg rechts dem bergab verlaufenden Weg, bis man auf einen breiteren, unmarkierten Wanderweg (A5, X) trifft, dem man dann nach links folgt. Nach einer Kreuzung, die man überquert, befindet man sich auf dem A3. Bei der nächsten Abbiegemöglichkeit nach links auf einen unmarkierten Weg kann man nach etwa 300 Metern den **Feuerwachturm (4)** auf der linken Seite erreichen. Dann geht man zurück zum querenden A3, dem man nach links knapp zwei Kilometer folgt. An einer **Wegkreuzung (5),** an der der A3 rechts abgeht, steht ein Hinweis zum Jammertal Resort. Man folgt diesem Weg, der mit A3 und A4 markiert ist und der direkt zum **Jammertal Resort (6)** führt. Hier gibt es eine Einkehrmöglichkeit. Nach dem Jammertal Resort folgt man links dem A1 und dem A4, bis schließlich rechts der Weg X abzweigt. Dem folgt man bis zum Ausgangspunkt am Gerneberg.

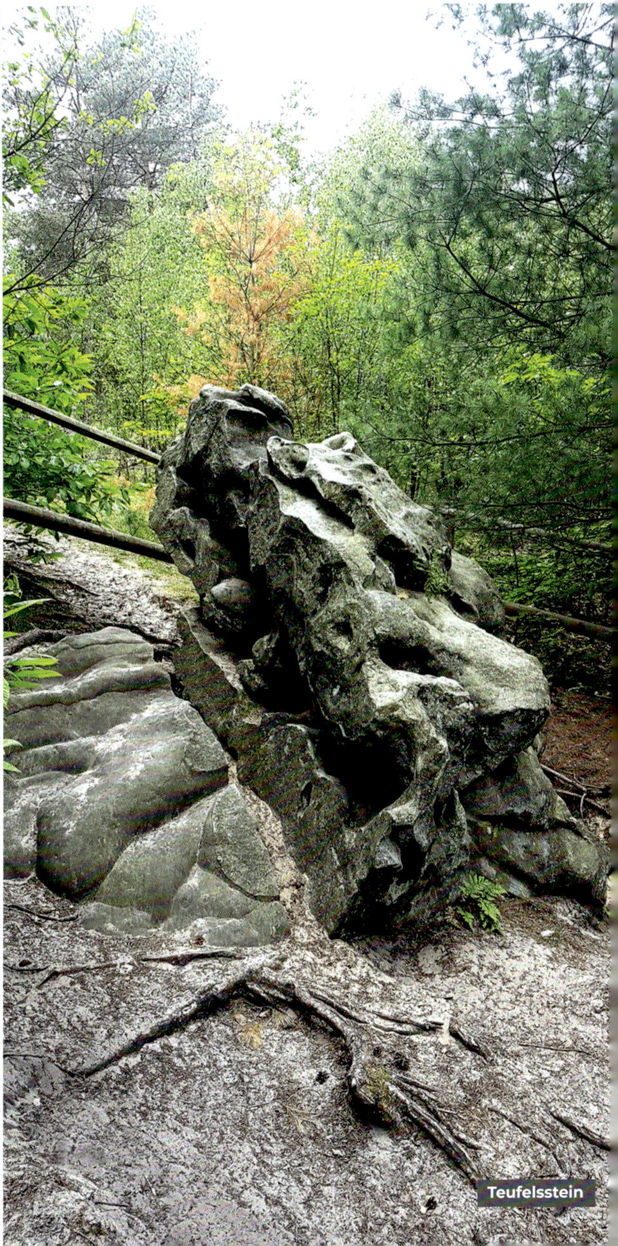
Teufelsstein

069mu-rf

Tour 26

Naturpark Hohe Mark –

Zum Waldbeerenberg

Faszinierende Hexenbuchen und die Holtwicker Wacholderheide tragen zur hohen Attraktivität dieser Wanderung durch den Naturpark Hohe Mark mit dem 146 m hohen Waldbeerenberg bei.

Der Naturpark Hohe Mark gehört zum rund 1000 Quadratkilometer großen **Schermbecker Wolfsgebiet.** Dort sind wiederholt Tierrisse durch eine Wölfin namens *Gloria* dokumentiert. Inzwischen wurde mithilfe genetischer Untersuchungen erwiesen, dass es mit *Glorias* Bruder einen zweiten Wolf gibt. Ein dritter Wolf wurde im Kreis Borken entdeckt und im Naturpark Hohe Mark fotografiert. Es soll sich dabei um eine Wölfin aus demselben Rudel handeln, dem auch *Gloria* und ihr Bruder angehören.

070mu-rf

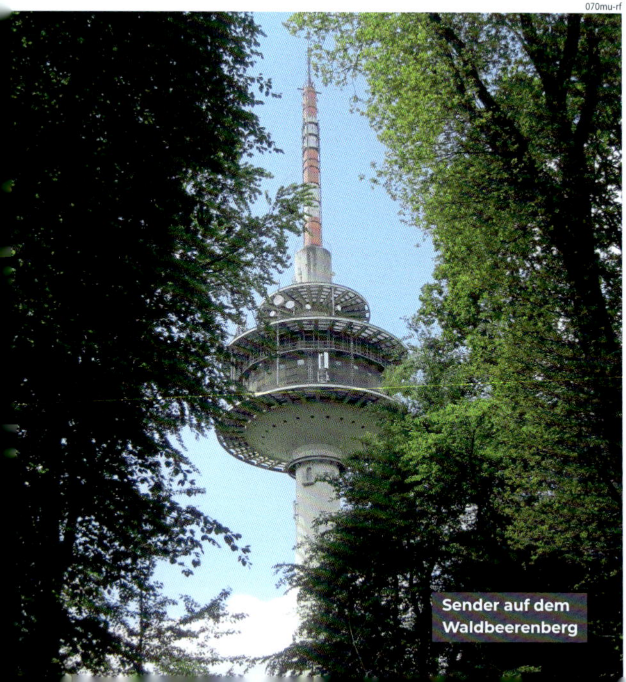

Sender auf dem Waldbeerenberg

Kurze Informationsübersicht

Länge: 10,7 km
Gehzeit: 3 Std.
MITTELSCHWER

Ausgangsort: 45721 Haltern (Holtwick)
Startpunkt: Holtwick, Waldparkplatz Haversberg, GPS N 51.74085, E 7.10637
Einkehrmöglichkeit: Gasthof Uhlenhof in Holtwick, Holtwicker Straße 420, 45721 Haltern am See, Tel. 02364/2534, www.uhlenhof-haltern.de, geöffnet Mi–Fr 15–21 Uhr, Sa/So 10.30–22.30 Uhr, Mo/Di Ruhetag. Gehobene westfälische Küche mit regionalen Produkten.
Anfahrt: Über A43, Ausfahrt Haltern, B58 Richtung Wulfen, rechts abbiegen nach Reken, dann links in den Alten Weseler Weg, hier befindet sich der Wanderparkplatz
ÖPNV: Keine Verbindung

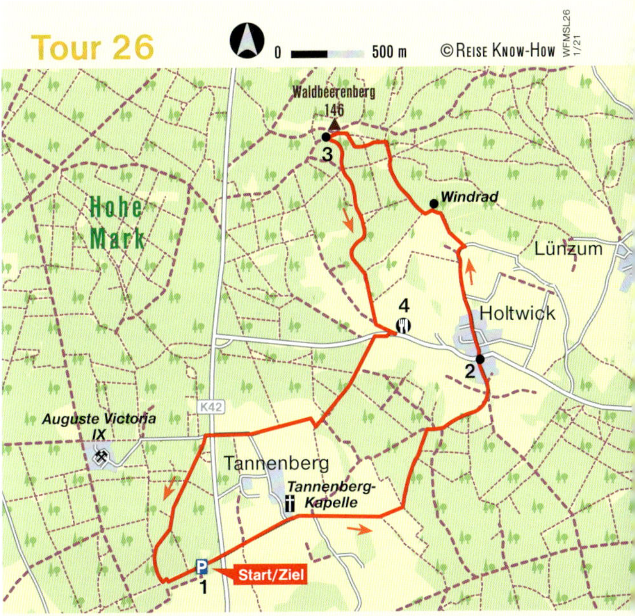

P 1 Waldparkplatz Haversberg
• 2 Holtwick
• 3 Funkturm
4 Gasthof Uhlenhof

Wegbeschreibung

Man überquert vom **Waldparkplatz Haversberg (1)** kommend die Kreisstraße (A4), geht leicht bergauf und passiert die Tannenberg-Kapelle. Der Weg ist geschottert und führt in Richtung Wald. Man setzt den Weg schräg links fort und erreicht dann **Holtwick (2).** Hier überquert man die Straße und folgt dem Weg in die Straße Zur Hohen Mark. Nun führt der Weg leicht bergauf. Links vor sich sieht man den Sendemast des Waldbeerenbergs. Rund 50 Meter hinter einer Baumgruppe in einer Linkskurve biegt man links ab, passiert ein Windrad und folgt dem Weg (A4) nach rechts knapp 600 Meter weiter bis zur Kreuzung. Hier folgt man links dem A1, X2 bis zum **Funkturm (3).** Vor diesem geht es links bergab (X). Diesen Weg nimmt man bis zur Holtwicker Straße. An deren Einmündung findet man links den **Gasthof Uhlenhof (4).** Hier gibt es eine Einkehrmöglichkeit. Vom Uhlenhof aus überquert man die Holtwicker Straße, geht rechts ein Stück daran entlang und biegt dann links ab auf den Weg A4. Nach zweihundert Metern sieht man links die Wacholderheide. Geradeaus weitergehend (wobei man sich nach weiteren 500 Metern rechts hält) überquert man nach etwa einem Kilometer die Kreisstraße und biegt danach links ab auf einen Waldweg (A7). Dieser Weg kann nach Regen etwas sumpfig sein. Er knickt nach knapp einem Kilometer schräg links ab und mündet schließlich nach weiteren hundert Metern in den querenden A4, dem man links folgt bis zum Ausgangspunkt.

071mu-rf

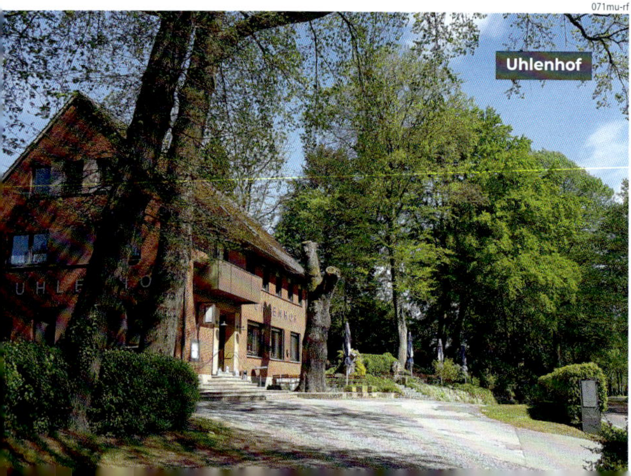

Die Holtwicker Wacholderheide

Die häufigsten gesetzlich **geschützten Biotope** im Landschaftsplangebiet Haltern sind stehende Binnengewässer und Zwergstrauch-, Ginster- oder auch Wacholderheiden wie die Holtwicker Wacholderheide. Hier, wie auch in weiteren Biotopen, leben gefährdete und vom Aussterben bedrohte Tier- und Pflanzenarten. So kommen Vogelarten wie das **Tüpfelsumpfhuhn** oder das **Blaukehlchen** vor, aber auch andere Tierarten wie beispielweise die Kreuzotter, der Moorfrosch, die Libelle oder die Fledermaus.

Auch bedrohte Pflanzenarten wie der **Lauch-Gamander** und das schöne **Torfmoos** haben hier ihren Lebensraum. Das Gebiet der Holtwicker Wacholderheide am Fuße eines Trockentälchens hat seinen Ursprung und seine Formung in den Eiszeiten. Das ist auch der Grund dafür, warum es in der nur 6 Hektar großen Heidelandschaft Höhenunterschiede von bis zu 20 Metern gibt.

084mu-rf

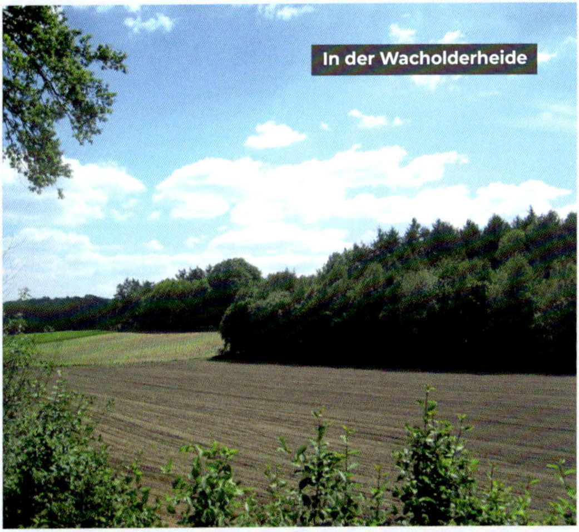

In der Wacholderheide

Tour 27
Durch die Westruper Heide

Höhepunkt dieser Rundwanderung sind das Naturschutzgebiet Westruper Heide und der Halterner Stausee. Start- und Endpunkt für die Tour ist der Ort Haltern am See.

Die Westruper Heide ist ein südlich des **Halterner Stausees** anschließendes Naturschutzgebiet, in dem sich Dünen- und Heidelandschaft sowie Wacholderhaine gleichermaßen finden. Um die Region besser und landschaftsschonender erschließen zu können, wurden verschiedene Rundwege auf Bohlen oder sandigem Untergrund angelegt, die farbig auf Holzpfosten markiert sind. Zudem existiert seit mehreren Jahren eine **barrierefreie Route** für Menschen mit eingeschränkter Mobilität. Informationstafeln mit vielfältigen Hinweisen zur Geschichte, Geologie und zur Pflanzen- und Tierwelt des Gebietes runden das Angebot für interessierte Besucher ab.

072mu-rf

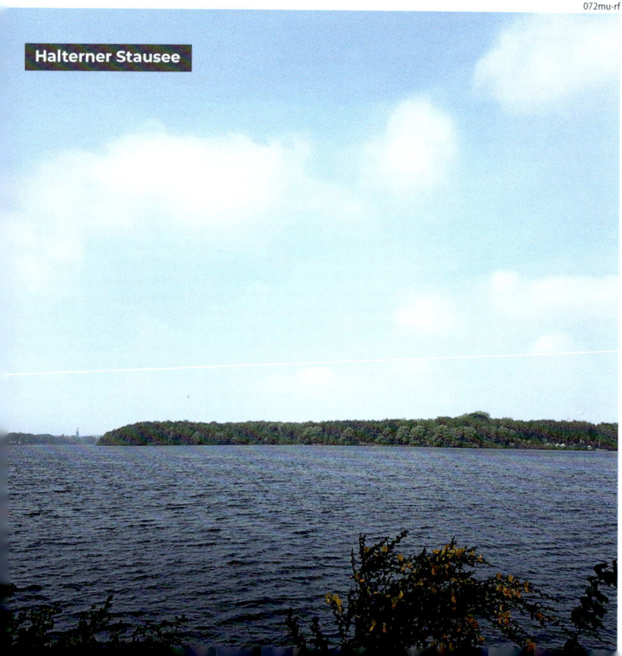

Halterner Stausee

Kurze Informationsübersicht

Länge: 5,2 km
Gehzeit: 2 Std.
LEICHT

Ausgangsort: 45721 Haltern am See
Startpunkt: Haltern, Parkplatz am Stockwieser Damm, Einfahrt am Lakeside Inn, GPS N 51.74518, E 7.24253
Einkehrmöglichkeit: Hotel Restaurant Seehof, Hullerner Str. 102, 45721 Haltern, Tel. 02364/9280, www.wellnesshotel-seehof.de, geöffnet tägl. 7–22 Uhr. Gutbürgerliche Küche. Besonders authentisch: der westfälische Sauerbraten in Pumpernickelsauce mit Apfelrotkohl und Kartoffelknödeln.
Anfahrt: Über A43 Ausfahrt Marl-Nord, dann L612 bis zum Parkplatz (etwa acht Kilometer)
ÖPNV: Bus 272 ab Haltern Bahnhof bis Abzweig Haus Niemen

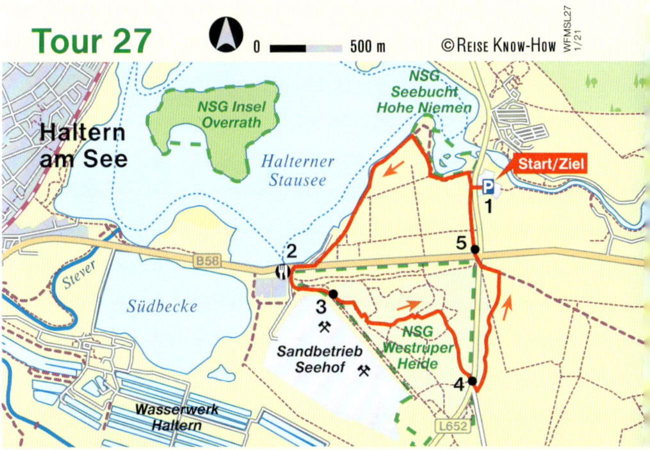

- 1 Parkplatz am Stockwieser Damm
- 2 Seehof
- 3 Zugang Naturschutzgebiet Westruper Heide
- 4 Flaesheimer Damm
- 5 Hullerner Straße

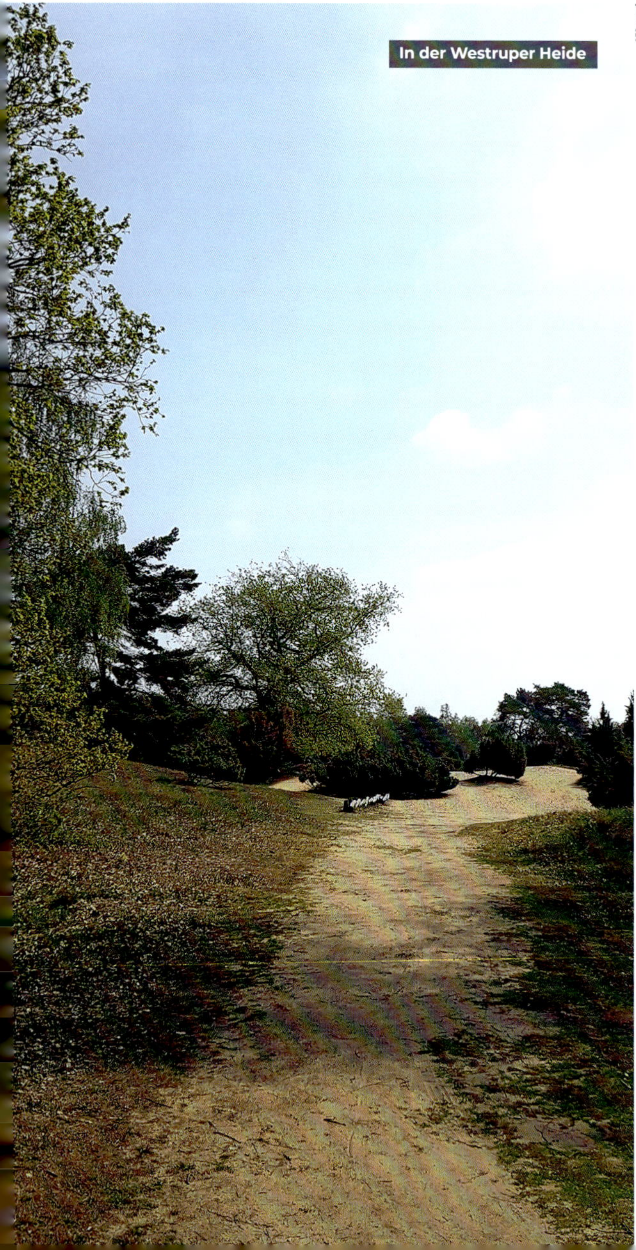

In der Westruper Heide

073mu-rf

Wegbeschreibung

Man geht vom **Parkplatz am Stockwieser Damm (1)** über die Straße und folgt dann am Ende des dort liegenden Parkplatz rechts dem A4. Dann hält man sich links und folgt dem Weg bis zum Seeufer. Vom Ufer aus hat man einen schönen Blick über den Halterner See mit der Insel Overrath und der dahinter liegenden Kirche von Haltern.

Man geht an einem Kletterwald entlang, erreicht die Hullerner Straße und überquert sie. Vor dem **Seehof (2)** biegt man links ab und folgt dem Wanderweg, der durch einen schmalen Holzzaun begrenzt ist. Der Weg teilt sich nach etwa 200 Metern in drei Wege, von denen man den in das Naturschutzgebiet **Westruper Heide (3)** wählt.

Nun folgt man dem mittleren, grünen Weg (A5). Kurz danach passiert man eine Informationstafel zur Westruper Heide. Hier nimmt man den Weg nach rechts, der an der umzäunten Sandgrube entlangführt. Am Beginn der Wanderung durch die Heide sieht man die Markierung A1. Innerhalb der Heide sind die Wege mit farbig angestrichenen Holzpflöcken markiert. Hier folgt man der grünen Route.

An einer Wegkreuzung mit vier verschiedenfarbigen Markierungen hält man sich links und folgt weiterhin der grünen Route, die einen zur Grenze des Heidegebiets am **Flaesheimer Damm (4)** bringt. Man überquert den Flaesheimer Damm. Etwa zwanzig Meter dahinter zweigt der A1 links ab und führt parallel zur Landstraße links weiter. Dann kommt man an eine Weggabelung, an der man sich links hält und wieder die **Hullerner Straße (5)** erreicht, die man überquert und dann in Richtung Ausgangspunkt zurückkommt.

074mu-rf

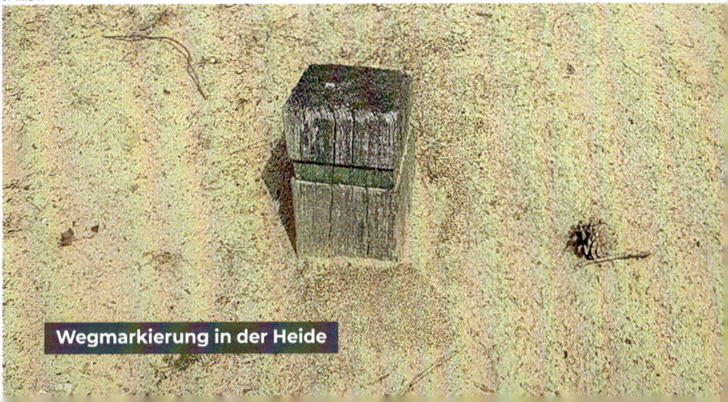

Wegmarkierung in der Heide

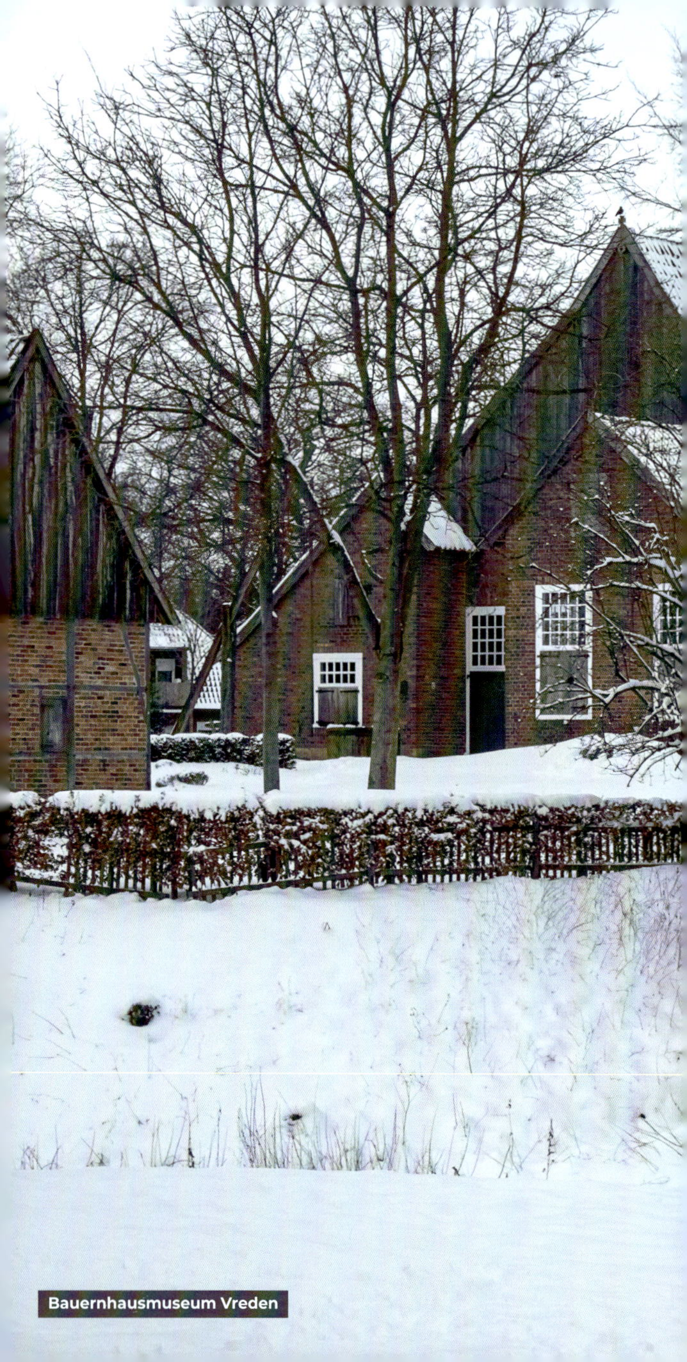

Bauernhausmuseum Vreden

BORKENER LAND

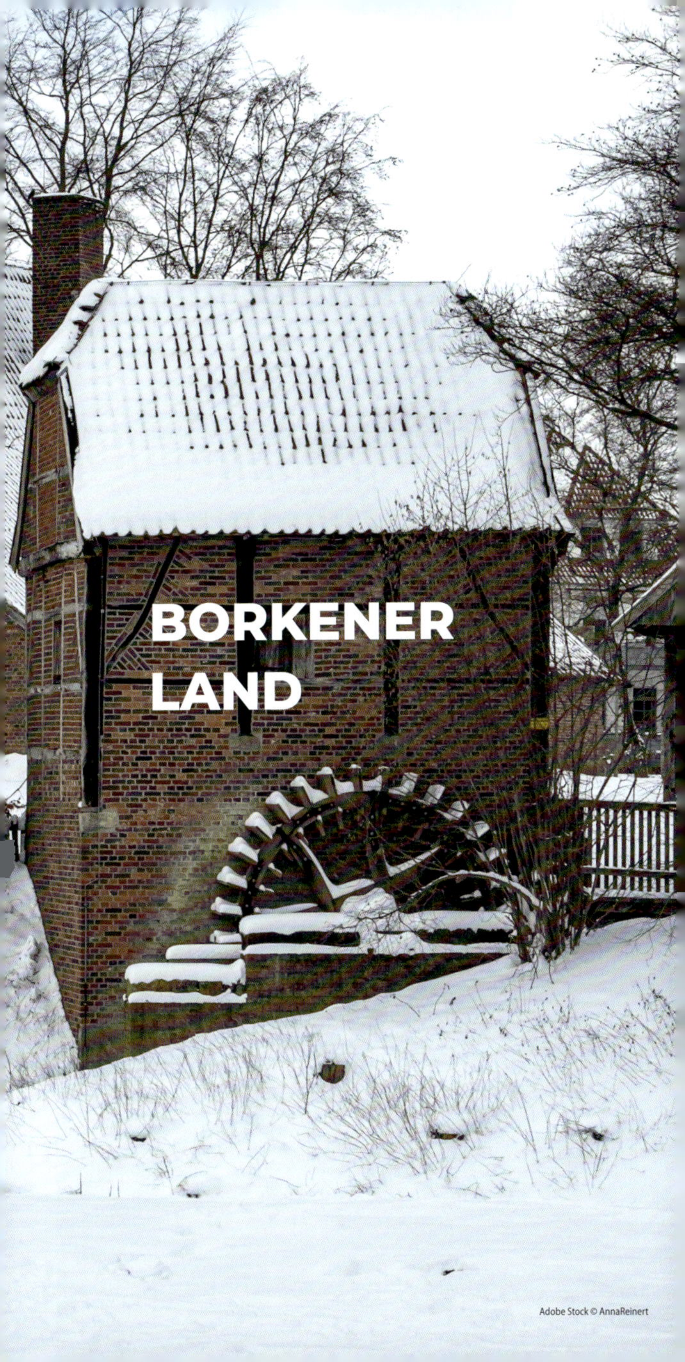

Tour 28
Zwillbrocker Venn

Diese interessante Rundwanderung erstreckt sich über zwei Länder. Sie führt mal auf der deutschen, mal auf der niederländischen Seite der Grenze entlang. Highlight des Weges ist die schöne Flamingoinsel im Lachmöwensee, die von verschiedenen Aussichtspunkten gut beobachtet werden kann.

An der **niederländischen Grenze** bei Vreden liegt das etwa 200 Hektar große, seit 1938 als Moor- und Feuchtwiesengebiet ausgewiesene **Naturschutzareal** Zwillbrocker Venn. Seit den 1980er-Jahren existiert hier die nördlichste **Flamingo-Brutkolonie** der Welt. Es ist eine kleine Kolonie von Chileflamingos und Europäischen Rosaflamingos, sporadisch leben dort auch der Kubaflamingo und der Zwergflamingo. Den Winter verbringen sie am Ijssel- und Veluwemeer sowie am Rheindelta. Woher die Flamingos ursprünglich stammen, konnte nie geklärt werden. Fest steht, dass Flamingos dieser Arten eigentlich nicht bis Europa ziehen. Daher vermutet man, dass sie aus Tierhaltungen entflogen sind.

075mu-rf

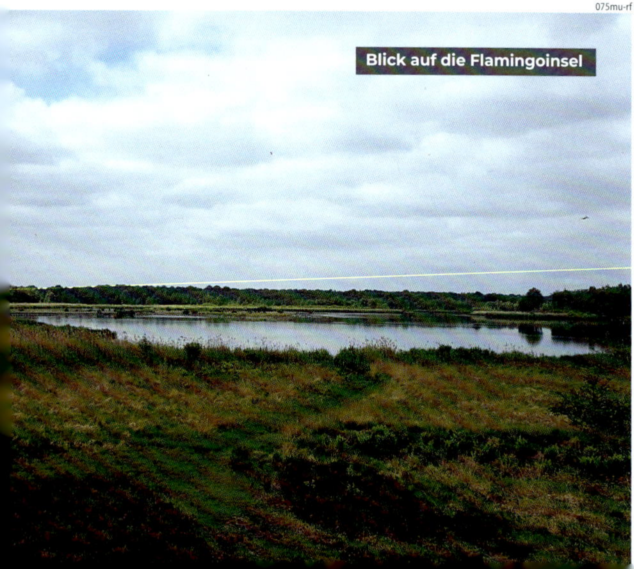

Blick auf die Flamingoinsel

Kurze Informationsübersicht

Länge: 9,7 km
Gehzeit: 2,5 Std.
LEICHT

Ausgangsort: 48691 Vreden (Zwillbrock)
Startpunkt: Zwillbrock, Wanderparkplatz kurz vor Zwillbrock von der L608 abgehend, GPS N 52.05084, E 6.70385
Einkehrmöglichkeiten: Café Restaurant Speeltuin Haak en Hoek, Holterhoekseweg 6, 7142 HZ Groenlo, Tel. +31 544/ 461434, www.haakenhoek.nl, Mo und Fr Ruhetag. Schönes Restaurant mit Gartenbereich und Spielplatz; Café Restaurant Grenszicht, Vredenseweg 2, 7152CW Eibergen, Tel. +31 544/ 461583, www.grenszichteibergen.nl, Mo und Mi Ruhetag. Kaffee, Kuchen, kleinere Gerichte.
Anfahrt: Über Vreden, dann Richtung Groenlo bis Zwillbrock, kurz vor Zwillbrock links in die Straße Zwillbrock bis zum Wanderparkplatz
ÖPNV: Keine Verbindung

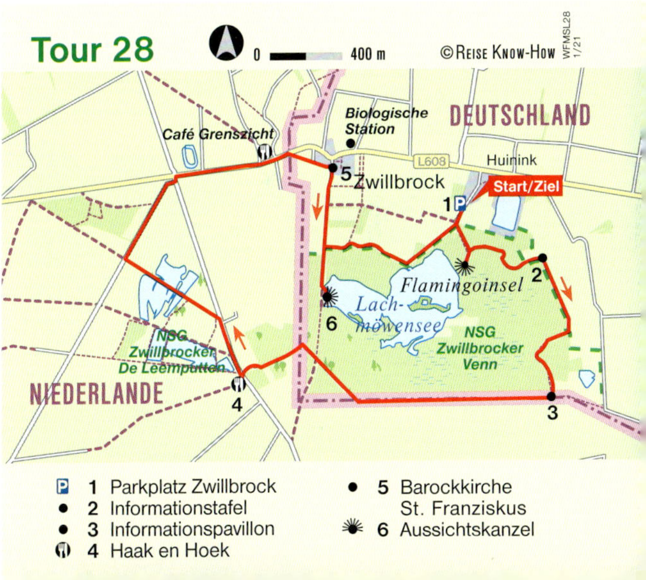

Wegbeschreibung

Die Wanderung startet vom **Parkplatz Zwillbrock (1)** an der grün-weißen Schranke vorbei und verläuft dann weiter schräg links. An der folgenden Weggabelung geht es geradeaus zu einem Beobachtungsturm. Von dort hat man einen schönen Überblick über den Lachmöwensee mit der Flamingoinsel, auf der man die rosafarbenen Flamingos und andere Wasservögel sehen kann. Man geht zurück zur Weggabelung und folgt rechts dem Wanderweg. Rund 200 Meter vor einem Bauernhof mit rot-weißer Schranke biegt man an einer **Informationstafel (2)** rechts auf die Zwillbrocker-Venn-Route ab. Die Route ist markiert mit einem rot-weißen Querbalken.

Hinter einem **Informationspavillon (3)** biegt man rechts ab und geht nun 1,3 Kilometer auf der deutsch-niederländischen Grenze geradeaus. Dabei passiert man den Grenzstein 801. Auf der Route bleibend geht man schräg rechts bis zu einer Wegkreuzung, an der es rechts Richtung Zwillbrock geht. Man geht hier aber schräg links weiter auf dem mit „Haak en Hoek" bezeichneten Weg, der genau zur Gaststätte **„Haak en Hoek" (4)** führt. Von der Gaststätte aus geht es links an

077mu-rf

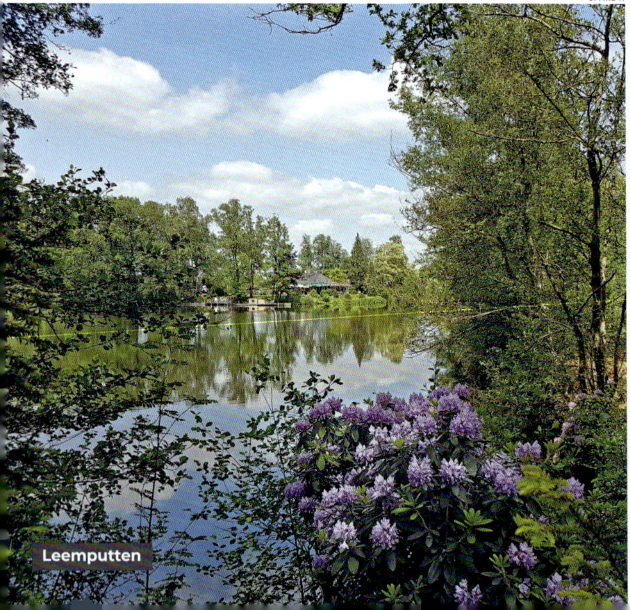

Leemputten

der Straße entlang Richtung Norden. Nach etwa 400 Metern, wenn rechts der Zwolse Markeweg abzweigt, wechselt man schräg links ab auf einen Grasweg, der mit Professor-Casimir-Weg bezeichnet ist. Diesem Weg folgt man an mehreren kleineren Seen vorbei, an denen auch das Freizeitzentrum Leemputten liegt.

An einer querenden Straße biegt man nach rechts ab bis zur Hauptstraße, die Vreden mit Groenlo verbindet. Hier kommt man rechts nach Zwillbrock. Man passiert das Café Grenszicht und überquert wieder die deutsch-niederländische Grenze. Kurz nach der Grenze zweigt ein schmaler Weg schräg rechts ab, auf dem wir die **Barockkirche St. Franziskus (5)** erreichen. Die Kirche, deren Geschichte zurück bis in die Zeit der Reformation reicht, gehörte bis 1811 zu einem angrenzenden ehemaligen Franziskanerkloster und war besonders für Katholiken aus Twente und aus dem Achterhoek von großer Bedeutung.

Der Kirche gegenüber liegt die Biologische Station Zwillbrock, die für die naturschutzfachliche Betreuung von 30 Schutzgebieten mit etwa 3.200 Hektar Mooren, Heiden und Feuchtwiesen im Kreis Borken zuständig ist. Ein Besuch lohnt sich auch nach der Wanderung.

Vor der Kirche geht man Richtung Parkplatz nun rechts auf dem rot-weiß markierten Weg weiter. Hier gibt es die Möglichkeit für einen kleinen schönen Abstecher Richtung **Aussichtskanzel (6).** Von dort aus hat man einen wunderschönen Ausblick auf den Lachmöwensee mit vielen Vogelarten. Man geht rund 300 Meter den Weg zurück und biegt dann rechts ab. Dabei kommt man an einer weiteren Beobachtungsstation mit einem Kiosk vorbei, von der aus wieder viele Flamingos beobachten werden können. Von hier aus geht man zum Ausgangspunkt zurück.

Der Naturpark De Leemputten ist ein **Naturschutzgebiet** im Osten der niederländischen Provinz **Gelderland** nahe der deutschen Grenze. Das Naturschutzgebiet wurde Ende des 19. Jahrhunderts durch Lehmgrabungen für die Steinfabrik in Groenlo geschaffen.

Tour 29
Das Witte Venn

Der Gasthof Haarmühle mit der fast 400 Jahre alten Wassermühle ist Ausgangspunkt für diese Wanderung und zieht ganzjährig viele Besucher an. Die Wassermühle ist seit 1988 wieder in Betrieb. Sie erhielt ein neues Rad und sorgt seitdem für die elektrische Energie für den Gasthof. Tagsüber kann das alte Mahlwerk der Mühle besichtigt werden.

Auf dieser Tour bewegt sich der Wanderer sehr oft auf **alten Schmugglerpfaden.** Das Witte Venn ist eines von vier Moorgebieten, die sich beiderseits der **deutsch-niederländischen Grenze** befinden. Es besteht aus einer ausgedehnten Heide- und Moorlandschaft, in der sich Feuchtgebiete, Wald- und Grünlandflächen abwechseln. Zur Pflege dieser Grünflächen wird eine größere Anzahl von **schottischen Hochlandrindern** eingesetzt, die man im Laufe der Wanderung immer wieder stehend oder auch am Weg ruhend antreffen kann.

076mu-rf

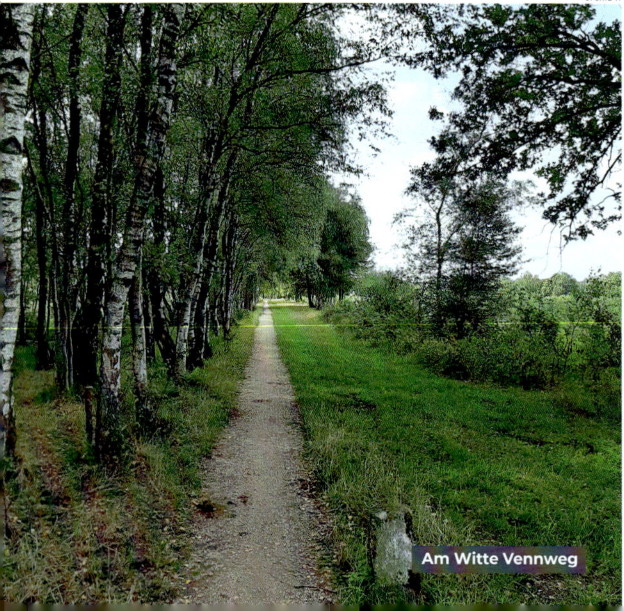

Am Witte Vennweg

Kurze Informationsübersicht

Länge: 8,4 km
Gehzeit: 2,5 Std.
LEICHT

Ausgangsort: 48683 Ahaus (Alstätte)
Startpunkt: Landgasthof Haarmühle, Beßlinghook 57, 48683 Alstätte, GPS N 52.13272, E 6.87610
Einkehrmöglichkeit: Landgasthof Haarmühle in Alstätte, Beßlinghook 57, Tel. 02567/93190, www.haarmuehle.de, tägl. ab 9 Uhr geöffnet. Gehobene Küche, westfälische Gerichte.
Anfahrt: Über A31, Ausfahrt Legden, dann B474, nach Ahaus und weiter nach Alstätte
ÖPNV: Keine Verbindung

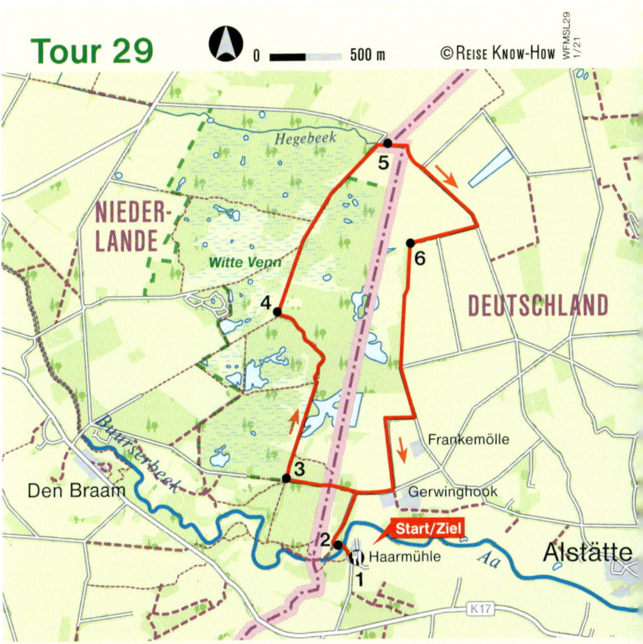

- 1 Landgasthof Haarmühle
- 2 Brücke
- 3 Kreuzung Markslagweg
- 4 Witteveenweg
- 5 Wegstein
- 6 Witte Venn

Wegbeschreibung

Vom Parkplatz des **Landgasthofs Haarmühle (1)** nimmt man den Weg zwischen Wassermühle und Landgasthof und überquert auf einer **Brücke (2)** die Ahauser Aa. Am Schilderbaum folgt man rechts der Straße bis zur Kreuzung Hessenweg, einer alten Handelsroute. Dort geht man links weiter, überquert die Grenze und setzt den Weg fort bis zur nächsten **Wegkreuzung Markslagweg (3).** Dort folgt man rechts dem Radweg. Durch das Witte Venn geht es auf der Hauptroute weiter, die man rechts durch ein hölzernes Tor verlässt. Dann macht der Weg einen Knick nach links, führt auf einem zunächst schmaleren, dann auf einem Bohlenweg weiter und erreicht einen Radweg, dem man rechts folgt. Hier ist die Route violett. Man befindet sich nun auf dem **Witteveenweg (4)** und folgt diesem ungefähr 1,5 Kilometer, bis er rechts abknickt. An der Abzweigung Schmaler Weg ist ein **Wegstein (5)** mit der Aufschrift Alstätte-Ahaus zu sehen.

Man überquert wieder die Grenze und geht auf der asphaltierten Straße weiter. Der Weg knickt nach einem Kilometer rechtwinklig nach rechts ab und führt dann wieder Richtung Grenze. Am Ende des asphaltierten Weges befindet man sich wieder im **Witte Venn (6)** und biegt dort links ab auf den Pfad, der ungefähr einen Kilometer am Waldrand entlang führt. Dort setzt man den Weg geradeaus auf dem X fort, biegt nach rechts und dann nach links ab. An der nächsten

078mu-rf

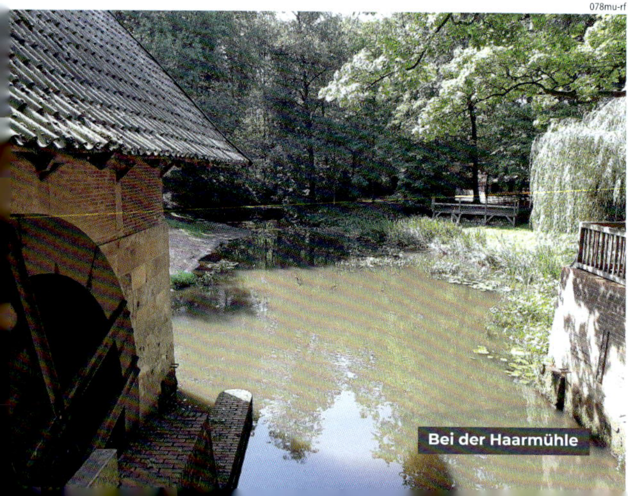

Bei der Haarmühle

Wegkreuzung geht es rechts und kurz danach wieder links weiter. An dieser letzten Abbiegung nach links befindet sich der Galgenbülten, ein Galgen, der in Archiven wiederholt erwähnt wird. Der Galgenbülten diente im Mittelalter als Abschreckung von Fremden, er wurde andeutungsweise wiederhergestellt. Der Straße folgend kehrt man zum Ausgangspunkt zurück.

Das Witte Venn: Natur ohne Grenzen

Das Witte Venn liegt beiderseits der deutsch-niederländischen Grenze und ist Teil einer alten **Natur- und Kulturlandschaft.** Einst dienste es Schmugglern als willkommenes Gebiet für ihre illegalen Machenschaften. Was erwartet Wanderer im Witte Venn? Man könnte antworten, es sind Grenzerfahrungen. Grenzenloser Naturschutz, viele Grenzlinien zwischen trockenen und nassen Flächen, ein Wechsel zwischen **Wald, Moor, Feldern** und feuchten sowie trockenen **Heideflächen.** Dann wiederum trifft man auf einen wunderschön gelegenen **Moorsee**, an dessen Ende eine Beobachtungsstation gelegen ist. Mit etwas Glück gibt es hier Löffel- und Krickenten, besondere Libellenarten, Laub- und Moorfrösche zu entdecken.

Ganz bestimmt sieht man rund fünfzig zottelige, **schottische Hochlandrinder,** die ganzjährig auf niederländischer Seite im Freien grasen und die Heide-, Moor- und Grünlandflächen pflegen. Sie haben unbeschränkten Zugang auf die Wanderwege und man kann sie ganz aus der Nähe bestaunen, wenn sie einem über den Weg laufen. Man sagt zwar lapidar: „Die tun nichts, die sind harmlos", trotzdem ist ein gebührender Respekt durchaus angemessen. Naja, und man sollte schon auch aufpassen, wohin man tritt, denn sie hinterlassen doch den einen oder anderen Fladen. Manchmal stehen die Rinder knietief im Wasser. Ganz grundsätzlich bleibt also festzuhalten: Festes Schuhwerk kann sowieso nicht schaden, weil die Wege schon teilweise sumpfig sind.

Im Feuchtgebiet wächst das Wollgras, was man heute eher seltener zu sehen bekommt. Riesige Rhododendronbüsche säumen die Wege.

Tour 30
Durch das Gildehauser Venn

Das Gildehauser Venn, 1985 zum Naturschutzgebiet erklärt, ist mit einer Fläche von 650 Hektar eines der wesentlichsten und wertvollsten Feuchtgebiete Nordwestdeutschlands. Es verfügt über das botanisch artenreichste Gewässer in Niedersachsen.

Im **Dreiländereck** nördlich von Gronau, unmittelbar an das Naturschutzgebiet Gildehauser Venn angrenzend, liegt der 28 Hektar große **Dreiländersee,** ein **Naherholungsgebiet** mit Badestelle, Sandstrand und Bootsverleih. Durch die Lage der Region direkt an der deutsch-niederländischen Grenze ergibt es sich, dass die Schreibweise von Orts- oder Namensbezeichnungen entweder auf Niederländisch (z.B. Driland) oder auf Deutsch (z.B. Dreiländereck) wiedergegeben wird.

Auf der Rundtour durch das Gildehauser Venn kann man **seltene Pflanzen** bestaunen. Das Venn ist die Heimat von Arten wie dem Sumpfjohanniskraut, dem gelbweißen Ruhrkraut, Igelschlauch, Zwerglein oder dem Froschkraut. Mit ein bisschen Glück sieht man vielleicht auch einen Moorfrosch oder eine Kreuzotter.

079mu-rf

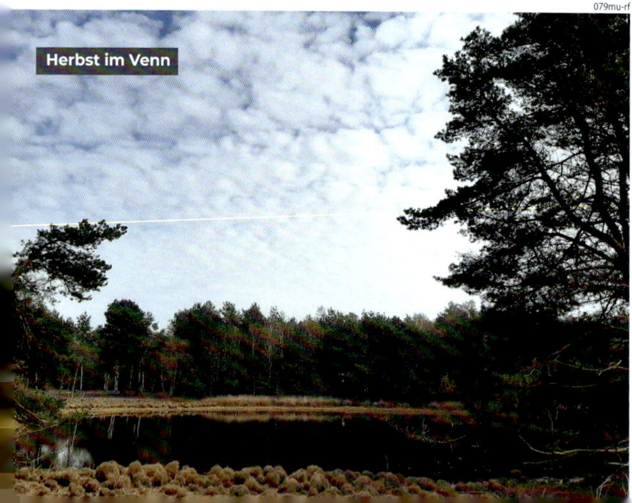

Herbst im Venn

Kurze Informationsübersicht

Länge: 11,6 km
Gehzeit: 3,5 Std.
LEICHT

Ausgangsort: 48599 Gronau
Startpunkt: gebührenpflichtiger Parkplatz des Hotel Restaurant Driland, Gildehauser Str. 350, 48599 Gronau, GPS N 52.23970, E 7.06617
Einkehrmöglichkeit: Restaurant Driland, Gildehauser Str. 350, 48599 Gronau, Tel. 02562/3600, www.driland.de, geöffnet Mi–Mo 7–22 Uhr. Nur 200 Meter vom Drilandsee entfernt wird im Restaurant Driland seit Generationen saisonale Küche serviert – regional, aber mit einer mediterranen Note.
Anfahrt: Über die A3, Ausfahrt Gronau/Ochtrup, B54 Richtung Gronau, dann der Beschilderung Richtung Driland folgen
ÖPNV: Bus 400 ab Bhf. Gronau bis Haltestelle Dreiländersee

Tour 30

0 500 m ©Reise Know-How WFMSL30 1/21

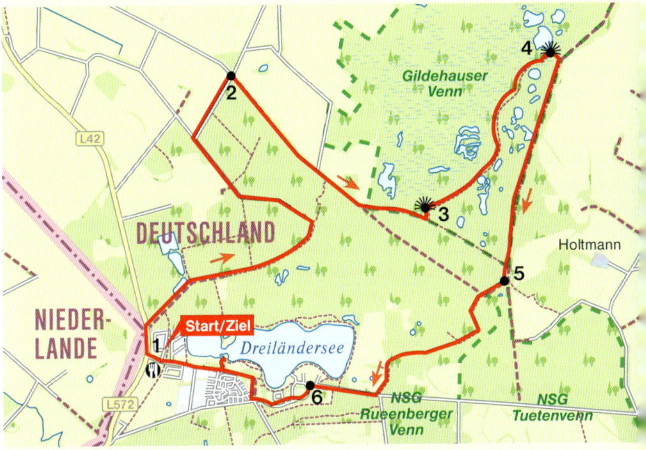

1 Hotel Driland
2 Ochtruper Diek
3 Aussichtspunkt
4 Aussichtsplattform
5 Knotenpunkt 40
6 Ferienpark Dreiländersee

Wegbeschreibung

Man startet am **Hotel Driland (1)** und geht die Gildehauser Straße Richtung Norden, dann rechts bis zur nächsten Rechtsabbiegung und folgt dort der blauen Markierung.

Man geht auf einem schmaler werdenden Weg weiter und dann nach knapp einem Kilometer an einer Weggabelung nach links. Weiter folgt man dem ersten asphaltierten Weg, der nach rechts wegführt, dem Landwehrweg und kommt an der nächsten Kreuzung zum Rastplatz **Ochtruper Diek (2).**

Es geht nun rechts weiter auf dem Ochtruper Diek. An einer Weggabelung nach gut 1,2 Kilometer folgt man dem mit X markierten Weg und erreicht kurz danach einen **Aussichtspunkt (3).** Von hier hat man einen schönen Blick über das Venn, das man, an Holzschranken vorbeigehend, erreicht. Man setzt den Weg, der mit einem weißen Pfeil auf blauem Grund markiert ist, nun nach links fort. Zeitweise führt er nun über Holzbohlen. So erreicht man nach einiger Zeit eine weitere **Aussichtsplattform (4).**

Von dort geht man zur hölzernen Schranke und setzt den Weg rechts fort. Nun passiert man den Knotenpunkt 80 und bleibt auf dem Weg geradeaus (X) bis zum **Knotenpunkt 40 (5).** Ab hier folgt man dem X bis zum Brechter Weg, der rechts zum Drilandsee führt. Man passiert dabei Häuser, die zum **Ferienpark Dreiländersee (6)** gehören. Dann geht es am See entlang bis zum Ausgangspunkt.

080mu-rf

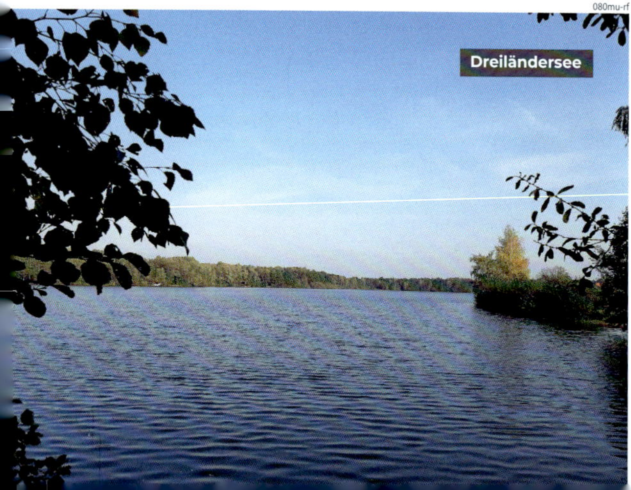

Dreiländersee

Das Gildehauser Venn

In der Saale-Eiszeit vor rund 250.000 bis 125.000 Jahren bedeckte eine besonders dicke Eisschicht das heutige Gronauer Gebiet und hinterließ eine Gletschermulde. Unter dem Eis bildeten sich Schmelzwasserrinnen. Eine davon war der Vorläufer der Dinkel, die durch diese Mulde das Gletscherwasser abführte und dabei Geröll und Sand mit sich führte. Ein **Relikt der Eiszeit** aus Feuchtgebieten und Sanddünen ist das Gildehauser Venn, eine Landschaft von höchstem ökologischen Wert.

Das Gildehauser Venn füllte einst große Teile der Dinkelsenke aus. Heute umfasst das Schutzgebiet noch 650 Hektar im Driland, dem **Dreiländereck** zwischen **Nordrhein-Westfalen,** den **Niederlanden** und **Niedersachsen.** Die Kernzone ist eines der landschaftlich reizvollsten und zugleich botanisch und ornithologisch interessantesten **Feuchtgebiete** in Norddeutschland. Hier breitet sich ein von flachen, lang gezogenen Dünenrücken durchzogenes Moor- und Heidegebiet mit Glockenheide-, Schilf- und Beinbrechbeständen aus. Auf den trockenen Dünenrücken herrschen Sandheiden vor. Das Kerngebiet ist weitestgehend sich selbst überlassen, während die Randzonen in begrenztem Umfang land- und forstwirtschaftlich genutzt werden.

081mu-rf

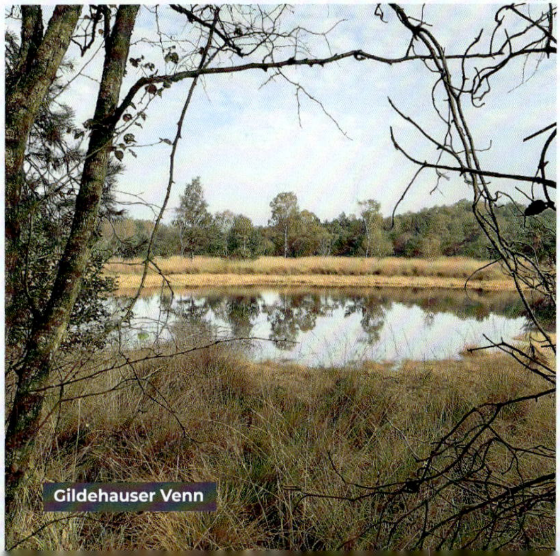

Gildehauser Venn

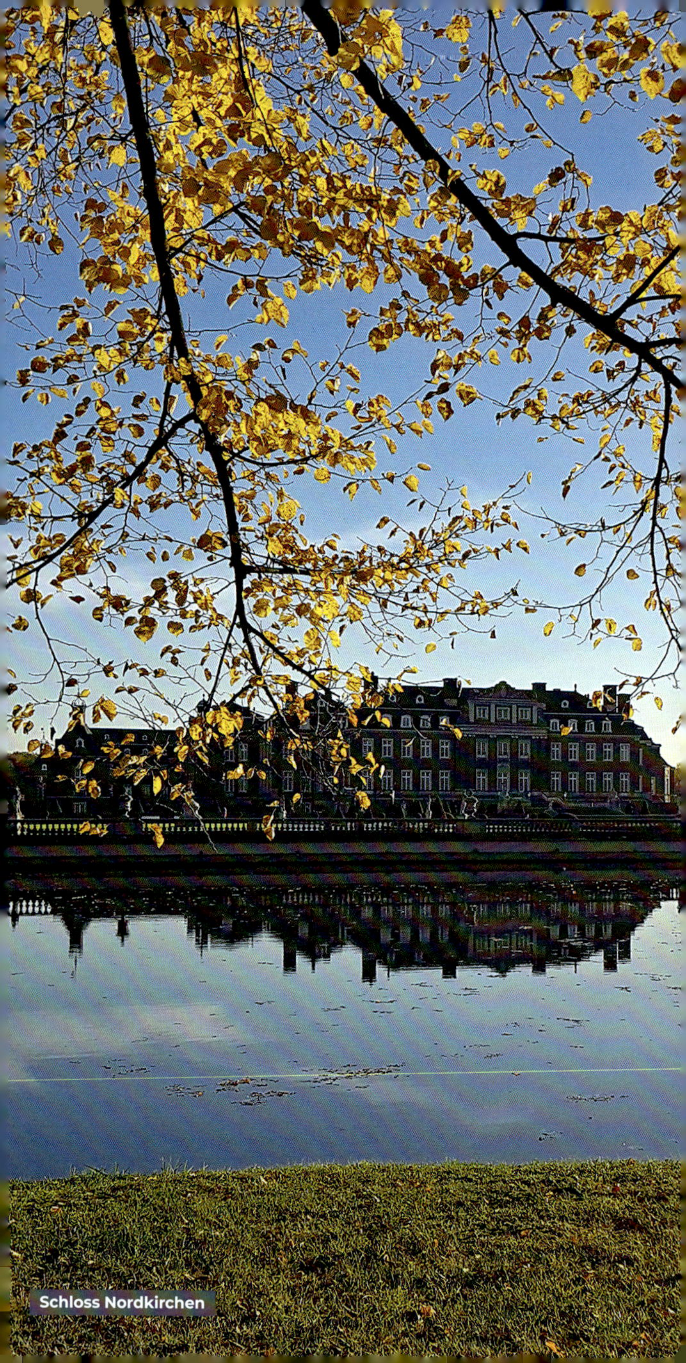
Schloss Nordkirchen

ANHANG

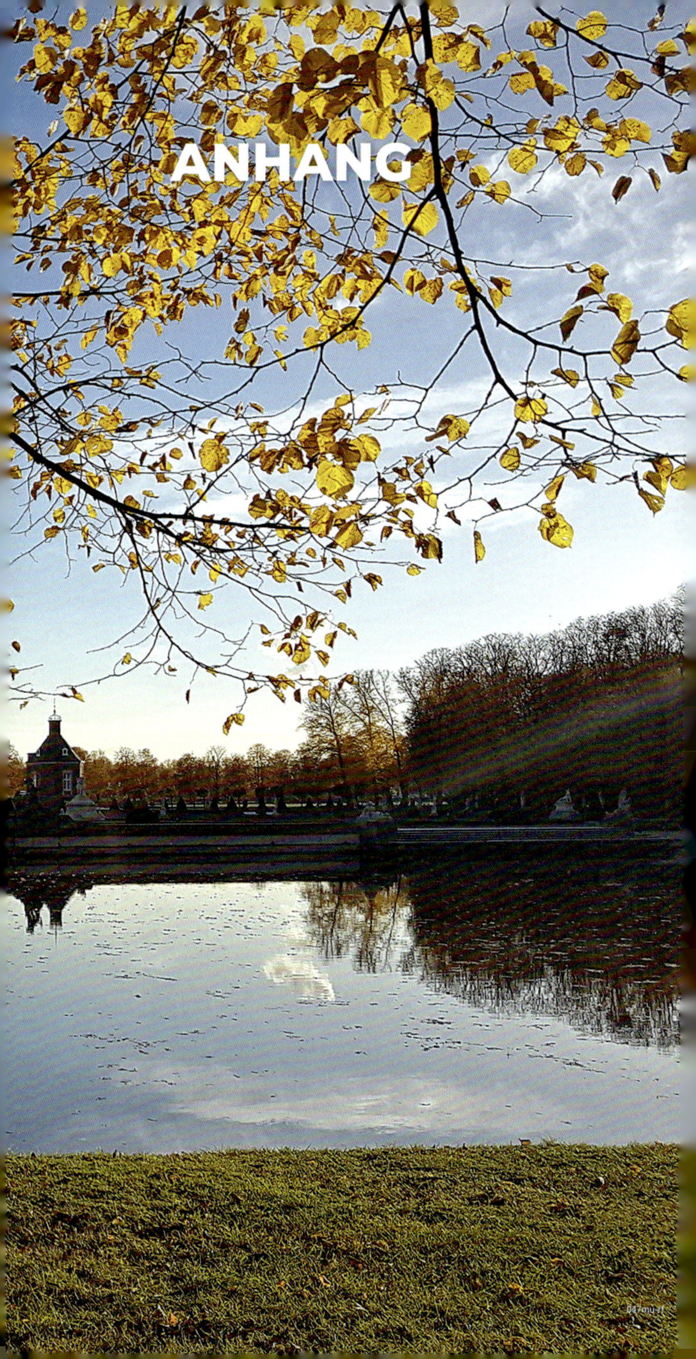

Literaturtipps

- *Evelyn Barenbrügge:* **Engel, Hexen, Wiedertäufer. Historische Geschichten aus dem Münsterland.** Waxmann Verlag, Münster 2013.

- *Werner Bockholt:* **Das Kochbuch aus Westfalen. Bodenständige Rezepte vom Lande.** Schnell Verlag, Warendorf 2017.

- *Monika Detering:* **Sagen und Legenden aus Westfalen.** Regionalia Verlag, Daun 2020.

- *Barbara und Hans Otzen:* **Reiseführer Münsterland.** Reise Know-How Verlag, Bielefeld 2021.

- *Gisela Schwarze:* **Westfalen Band II: Münsterland. Ein Kulturführer.** Ardey-Verlag, Münster 2016.

Register

Bildnachweis

S. 38: wikimedia
https://commons.wikimedia.org/wiki/File:Westfälisches_Blindhuhn_mit_Mettenden_und_Schweinespeck-6650.jpg

Impressum

Roland Föll
Reise Know-How Wanderführer Münsterland

erschienen im
Reise Know-How Verlag Peter Rump GmbH
Osnabrücker Str. 79, 33649 Bielefeld

1. Auflage 2021

ISBN 978-3-8317-3224-1

Gestaltung
Umschlag: Peter Rump, der Verlag
Inhalt: Günter Pawlak, Wayan Rump, der Verlag
Karten: Dimitrios Gavrides
Fotos: der Autor (rf); Hannah Kretschmer (hk);
Frank Philipp, Stadtheimatbund Münster e.V. (fp);
Adobe Stock (Autorennachweis jeweils am Bild);
wikimedia (Autorennachweis jeweils am Bild, s.a. Bildnachweis S. 189)
Titelfoto: Blick auf die Stever bei Haltern am See (rf)

Lektorat: Bruno Gaigl

Druck und Bindung: mediaprint solutions GmbH, Paderborn

Printed in Germany

Bibliografische Information der Deutschen Nationalbibliothek
Die Deutsche Nationalbibliothek verzeichnet diese Publikation in der Deutschen Nationalbibliografie; detaillierte bibliografische Daten sind im Internet über http://dnb.dnb.de abrufbar.

Wir freuen uns über Kritik, Kommentare und Verbesserungsvorschläge.
Alle Informationen in diesem Buch sind vom Autor mit größter Sorgfalt gesammelt und vom Lektorat gewissenhaft bearbeitet und überprüft worden. Da inhaltliche und sachliche Fehler nicht ausgeschlossen werden können, erklärt der Verlag, dass alle Angaben im Sinne der Produkthaftung ohne Garantie erfolgen und dass Verlag wie Autor keinerlei Verantwortung und Haftung für inhaltliche und sachliche Fehler übernehmen. Die Nennung von Firmen und ihren Produkten und ihre Reihenfolge sind als Beispiel ohne Wertung gegenüber anderen anzusehen. Qualitäts- und Quantitätsangaben sind rein subjektive Einschätzungen des Autors und dienen keinesfalls der Bewerbung von Firmen oder Produkten.

Der Autor

Roland Föll, 1950 in Ludwigsburg geboren, studierter Betriebswirt, war lange Jahre als Außendienstler im Buchhandel tätig und in diesem Bereich überwiegend mit touristischer Literatur befasst. Privat begeistert er sich seit mehr als 20 Jahren fürs Wandern. Durch dieses Hobby lernte er einen Großteil der mitteleuropäischen Landschaft kennen. Besonderes Interesse galt schon immer seiner eigenen (Wahl-)Heimat.

Danksagung

Ich danke meiner Frau für ihre tatkräftige Unterstützung und ihr Know-How zum Münsterland.

086mu-rf

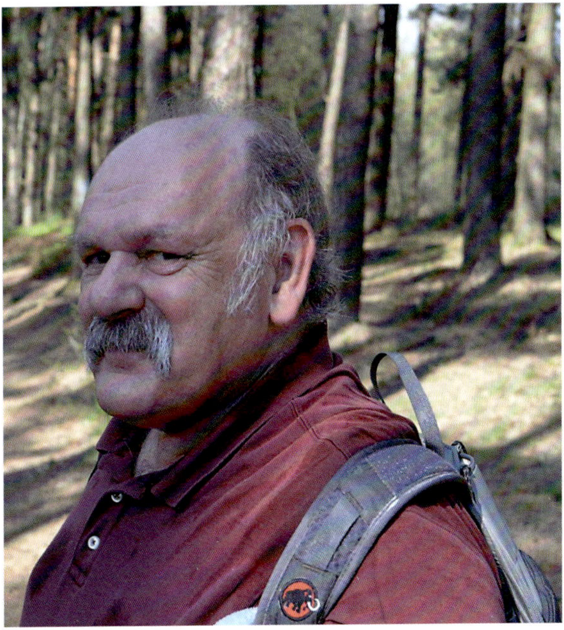

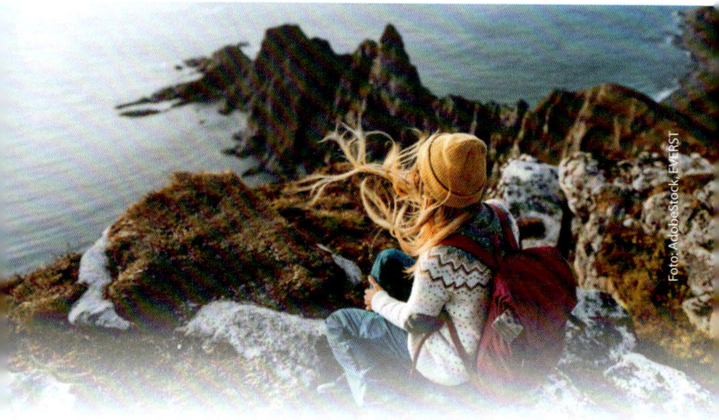

Schreiben Sie uns!

Wir hoffen, dass Ihnen dieser Wanderführer gefällt – und wir sind an Ihrer Rückmeldung interessiert: Hat sich ein Wegverlauf verändert? Haben Sie etwas Neues entdeckt, das in dieses Buch aufgenommen werden sollte? Dann schreiben Sie uns! **Wir nehmen jeden Hinweis und jede Kritik ernst und arbeiten kontinuierlich daran, die Bücher aktuell zu halten und immer weiter zu verbessern.** Auch wenn wir nicht jeden Wunsch erfüllen können, machen wir uns immer Gedanken über Ihre Anmerkungen.

Schreiben Sie uns:
per Mail an info@reise-know-how.de oder an
Reise Know-How Verlag Peter Rump GmbH, Postfach 140666, 33626 Bielefeld

Wenn sich Ihre Infos direkt auf das Buch beziehen, würde uns die Angabe der Seitenzahl und der Auflagenzahl bzw. des Erscheinungsjahres Ihrer Ausgabe die Arbeit sehr erleichtern. Besonders hilfreiche Beiträge und Ergänzungen zu den Büchern belohnen wir mit einem Sprachführer Ihrer Wahl aus der über 240 Bände umfassenden „Kauderwelsch"-Reihe.

Herzlichen Dank und gute Reisen
Ihr Reise Know-How Verlag